다담 30년의 맛집을 가다.

이 책에 실린 모든 글과 사진의 저작권은 다담회와 월간식당에 있습니다.
저작권법에 의해 보호를 받은 저작물이므로 무단 복제 및 무단 전재를 금합니다.
이 책에 수록된 정보는 2023년 9월 27일까지의 취재를 바탕으로 만들어졌습니다.
따라서 이후 음식의 가격이나 일반 정보는 업소의 사정에 의해 변경될 수 있음을 알립니다.

Published in Korea Food Service Information, Co.Ltd. Printed in Korea
Copyright ⓒ 다담회 & 월간식당

대한민국 명품맛집 **123**선
다담 30년의 맛집을 가다.

한국외식정보(주)

다담 30년의 맛집을 가다.

'맛과 멋을 생각하는 사람들의 모임' 다담회가 결성된 지 올해로 30년이 됐습니다. 다담회는 소설 '장군의 아들'의 작가인 백파 홍성유 선생이 조선일보 '별미기행'에 식당을 소개하는 맛 칼럼을 연재하면서 그곳에 소개된 식당 주인들이 지난 1993년 뜻을 모아 만든 친목 모임입니다. '모든 음식을 오래 씹어 진정한 맛을 음미한다'는 뜻의 많을 다(多)와 씹을 담(啿)을 사용하는 '다담회'는 국내외 벤치마킹 투어, 각종 세미나, 요리 연구 및 교육 등을 통해 외식산업 발전에 기여하고, 성장과 발전을 위해 노력하고 있습니다.

30년 전 식당은 '밥집'의 기능에 충실하면 그만인 그런 시대였습니다. 당시 식당 주인들에게 별미기행에 소개된다는 것은 어마어마한 사건이었습니다. 신문 한 모퉁이에 소개된 식당에는 연일 사람들이 밀려들었고, 별미기행에 소개되는 것이야말로 성공과 직결되는 바로미터이기 때문이었습니다. 그러나 전국의 모든 식당을 소개할 수는 없었겠지요. 당연히 홍성유 선생님 나름의 음식에 대한 맛과 멋, 식당의 서비스와 청결 등 기준을 정해 소개하셨을 테니 여기에 실린 식당 경영주들의 자부심이 얼마나 컸을지 가늠조차 되질 않습니다.

이처럼 별미기행에 소개된 맛집이라는 공통점으로 뜻을 모아 '다담회'를 만들어 음식문화 발전을 위해 서로 정보를 나누고, 함께 공부하고, 정을 나누며 30년을 지속, 발전을 거듭해왔으니 다담회 회원이라는 것만으로도 자부심을 갖기에 충분하지 않을까요? 실제로 회원 중에는 다담회에 들어가기 위해 성공을 하고 싶었고, 결국 다담회에 들어올 수 있어서 너무 기쁘다고 말하는 사람들이 많습니다.

다담회 현판이 붙어 있는 업소 중에는 중소벤처기업부에서 인증하는 '백년식당'도 수

두룩합니다. 회원업소들이 적어도 30년에서 50~60년 이상 이어져 왔고 2대, 3대 代를 잇는 식당들이 많습니다. 오랜 손맛과 고객과의 친밀감은 누구도 따라올 수 없겠지요. 그러나 요즘의 식당은 과거와는 기능이 사뭇 달라졌습니다. 물론 가장 기본이 되는 맛은 빼놓을 수 없고 친교와 사교, 비즈니스 또는 그 식당만의 분위기, 인테리어, 경치, 스토리 등 다양한 이유로 식당을 찾아가는 시대입니다. 그러니 우리 식당 경영주들도 소비자들의 트렌드에 항상 안테나를 세우고 반 박자 앞서나가는 경영을 해야 하는 숙제를 안고 있습니다. 다행히 최근 '100년을 잇는 식당'을 목표로 가업을 이어받기 위해 주방에 들어가 직접 요리하는가 하면 홀과 주방 안팎을 관리하며 열심히 공부하는 20~30대 젊은 2세들이 많다는 것은 매우 긍정적이라 할 수 있습니다.

다담회가 30주년을 맞아 '다담 30년의 맛집을 가다'를 펴냅니다. 지난 20주년에 '힐링+밥상' 발간에 이어 두 번째입니다. 말 그대로 일일이 발품을 팔아 전국의 회원업소 중 123곳의 '명품맛집'을 모았습니다. '추억의 절반은 맛'이라고 합니다. 여행길, 이 책 한 권으로 대한민국 구석구석에서 보석 같은 '찐맛집' 다담회 회원업소를 만나 맛있는 추억을 만들 수 있기를 바랍니다.

이번 30주년 책 작업에 기꺼이 동참해 주시고, 도움을 주신 모든 회원님들과 한국외식정보(주) 월간식당 편집국에도 감사의 말씀을 전합니다. 다담회 회원업소는 100주년에 닿을 때까지 대를 이어 추억의 맛을 전하고, 변화하는 고객의 니즈에 부합하기 위해 항상 깨어있겠습니다.

다담회 회원 일동

서울특별시.

목차

Page 012 ~ 057

- 001 바다의 보양 식재료로 만든 다양한 요리 **굴마을낙지촌**
- 002 백년가게로 가치 인정받은 바비큐치킨 최강자 **금강바베큐**
- 003 푸짐하게 차려내는 남도 별미 밥상 **남도한식정든님**
- 004 맛, 서비스, 가격 삼박자 갖춘 지역 내 터줏대감 **대문한정식**
- 005 3대 이어가는 평양냉면, 떡갈비 명가 **동신명가**
- 006 소고기 숯불구이와 한정식의 절묘한 조화 **미가할매집**
- 007 시원한 계곡에서 맛보는 토종닭 백숙 **미림산장**
- 008 건강과 푸짐함, 가성비까지 갖춘 광진구 맛집 **바르미샤브샤브N칼국수**
- 009 24년간 변함없는 맛·서비스 자랑 **바른식 시골보쌈&감자옹심이**
- 010 몸에 약이 되는 삼계탕을 제공하다 **발산삼계탕**
- 011 더덕향 가득한 한상차림 **산채향**
- 012 바른 음식, 가성비 최고의 한정식 코스요리 **수담한정식**
- 013 40년 전통의 남도토속음식전문점 **신가네칼국수**
- 014 2대째 이어오는 40년 전통 남도음식 전문점 **신안촌**
- 015 0.3% 최상급 고기와 화끈한 서비스로 꾸준한 인기 **신촌고기창고**
- 016 부드럽고 고소한 들깨의 깊은 맛 **엘림들깨수제비칼국수**
- 017 20년 장인 노하우 그대로 가성비 양대창구이 **오마이양대창**
- 018 소고기보다 맛있는 토종 광개토흑돼지 **육통령**
- 019 엄마의 솜씨 그대로의 건강밥상 **자연솜씨**
- 020 수제비에도 명품이 있다, 바지락 폭탄 수제비 **제비뽑기**
- 021 도심 속 자연에서 즐기는 복요리 **초원복집**
- 022 건강, 맛 다 잡은 나를 위한 한 끼 **포미가**

경기도.

Page 058 ~ 079

- **023** 먹고 나면 마음 속 여운이 남는 인생 밥상 **강민주의들밥**
- **024** 음식은 마음…정성 담긴 따뜻한 밥상 **넓은뜰밥상**
- **025** 23년 전통의 남양주 터줏대감 **더늘봄**
- **026** 동강 용천수가 기른 자연의 맛 **동강맑은송어**
- **027** 설렁탕 명인의 명품 설렁탕 **신가네암소설렁탕**
- **028** 맛있고 푸짐하고 다양하고 저렴하게 **여자수산**
- **029** 30년 손맛 깃든 수제돼지갈비 **오동추야**
- **030** 바다의 품격이 담긴 싱싱한 제철 한 상 **청미횟집**
- **031** 35년 전통의 피자 노포 맛집 **피자성효인방**
- **032** 소갈비가 맛있는 고객이 행복한 외식공간 **훈장골**

인천광역시.

Page 080 ~ 091

- **033** 인천지역 고기러버들이 애정하는 돼지고기 맛집 **가현생고기**
- **034** 소문난 초대박 장어집 맛의 비결 **강나루숯불장어**
- **035** 명품삼겹살, 한방수제갈비가 유명한 인천 검단 맛집 **나무꾼이야기**
- **036** 인천시민들의 추억의 맛집 **메이드빈카페**
- **037** 맛의 설득이 필요 없는 지리산 흑돼지 '버크셔K' **태돈**
- **038** 지역민들의 원픽, 부드러운 최상급 한우의 풍부한 맛 **태백산**

강원도.

Page 092 ~ 099

- **039** 100% 메밀요리의 매력 **봉평미가연**
- **040** 속 편하고 부드러운 식감 **월이메밀닭강정**
- **041** 강원도 자연이 가득한 건강 밥상 **흔들바위**

충청도.

Page 100 ~ 107

- **042** 대청호를 배경으로 즐기는 브라질식 슈하스코 **더리스**
- **043** 겉보리로 저온 숙성한 진짜 보리굴비 맛집 **만년한정담**
- **044** 부모님께 맛난 밥 대접하고 효도하세요 **뜰이있는집**
- **045** 투뿔 생고기보다 맛있는 건조숙성 한우 **서동한우**

대구광역시.

Page 108 ~ 139

046 육류 전문가의 흑돼지 갈비와 소고기 오마카세 **갈비둥지**
047 투박한 경상도 한 상의 특별함 **고향차밭골**
048 비교 불가능한 48년 전통 생갈비전문점 **국일생갈비**
049 최고급 재료 가득 최고의 손맛 가득 **김태희옛날손국수**
050 30년 차(茶) 장인의 보이차로 우려낸 한정식 **녹야원**
051 대구에서 만난 고퀄리티 제주흑돼지 **돈모닝**
052 여름엔 삼계탕, 겨울엔 굴국밥 **연화정**
053 500년 역사의 대구경북지역 반가 내림 한정식 **용지봉**
054 가마솥에 15시간을 끓인 국내산 민물장어 **일오장어탕칼국수**
055 해독과 보신에는 흑마늘 독계탕 **일월정흑마늘독계탕**
056 집밥보다 건강한 두부요리 한상 **정강희두부마을**
057 국내 최대 규모 궁중약백숙 맛집 **큰나무집궁중약백숙**
058 대구 10味 중 하나인 무침회로 골목 평정 **푸른회식당**
059 프라이빗 공간, 하이엔드 파인다이닝 **한식다이닝 류**
060 갓성비 매콤 복어불고기 코스요리 **해금강**

경상북도.

Page 140 ~ 151

061 문경새재의 자연을 갈무리한 맛이 펼쳐지는 곳 **라오미자연밥상**
062 복 샤브샤브와 구이를 동시에 즐긴다 **복어세상**
063 맛과 멋, 가심비 최고의 복어불고기 **복어잡는사람들**
064 가장 맛있는 갈비, 가장 몸에 좋은 갈비 **여물통**
065 농도 120% 순두부 맛집 **팔팔순두부**
066 엄마 집밥 생각나는 약선 밥상 **해밥달밥**

경상남도.

Page 152 ~ 193

- **067** 복 마니아들이 찾는 복어 전문점 **가람생복**
- **068** 1⁺⁺ 한우 암소를 구이와 언양불고기로 **가야마루**
- **069** 김해 불암동장어타운 원조 장어 맛집 **경포장장어구이**
- **070** 함안 연잎과 법성포 보리굴비의 만남 **국보반상**
- **071** 누구나 가고 싶은 매장, 누구나 원하는 맛 **국보삼계탕**
- **072** 고품질 고품격 한우 암소 정육식당 **김해한우(김해축산)**
- **073** 돌판에 끓여 먹는 경상도식 찜닭의 매력 **깡돌찜닭**
- **074** 30년 전통, 100년을 이어갈 삼계탕 전문점 **대가삼계탕**
- **075** 1959년부터 오늘까지, 代를 이어가는 멸치국수 **대동할매국수**
- **076** 화덕에 구운 생선구이 맛집 **도감어가**
- **077** 발효음식의 명가에서 맛보는 장아찌 밥상 **도리원**
- **078** 제철 해산물을 합리적인 가격에 즐기다 **바다품은식당마켓**
- **079** 한우 암소의 풍부한 육즙, 고소한 풍미 **백프로갈비**
- **080** 한 상 가득 제철 삼천포를 만나다 **삼천포정서방**
- **081** 수제 순대로 만든 국밥과 순대전골 **수백당**
- **082** 양산을 대표하는 고품격 한정식 **종정헌**
- **083** 거제 바다의 해물로 빚은 거제냉면 **하면옥**
- **084** 100% 생물로 만드는 제철 별미 한 상 **하수진보배밥상**
- **085** 3대를 잇는 장어구이 명가 **향옥정**
- **086** 김해를 대표하는 황금한우불고기 **황금시대**

부산광역시.

Page 194 ~ 217

- 087 금정산 정기 담은 흑염소보양식과 진액 **금성**
- 088 복을 제대로 담은 복어요리를 맛볼 수 있는 곳 **덕천복집**
- 089 자연의 맛에 정성을 다한 보양명가 **동원장수촌**
- 090 바다에서 온 싱싱한 맛 바람 **마파람**
- 091 정 맛, 손 맛…넉넉한 인심에 밥 먹기 편한 집 **맛소문오리불고기**
- 092 소화가 잘돼 100세까지 속 편한 밀면 **부산약콩밀면**
- 093 생오리불고기와 함께 즐기는 집밥의 추억 **선미오리불고기**
- 094 해물은 무조건 커야 맛있다 **정동진해물탕**
- 095 집밥이 그리울 때 도심 속 건강한 한식 **정을담다**
- 096 음식으로 몸을 다스리는 보양식 명가 **청와정**
- 097 민물장어로 부산사람 입 맛 사로잡다 **한방장어구이**

광주광역시.

Page 218 ~ 229

- 098 최상의 1⁺ 한우를 가장 합리적인 가격에 **더한우사랑**
- 099 보리밥부터 한정식까지 20년을 이어온 광주 맛집 **옛날에금잔디**
- 100 모든 반찬·장 직접 만드는 건강한 집밥 **온고당**
- 101 40년 차 셰프의 진심 가득 해물 요리 **청해진의꿈**
- 102 바다와 땅 그리고 반상을 한 곳에서 즐기다 **해육반**

전라남도.

Page 230 ~ 271

103 웰빙 건강식 도토리 요리로 맛의 본고장 매료 **나눌터**
104 4대를 이어온 국밥의 대명사, 곰탕의 원조 **나주곰탕하얀집**
105 '요즘 한정식'의 좋은 모델! **남녘들밥상**
106 식감, 맛, 향 삼박자 갖춘 떡갈비 명가 **남도예담**
107 담양 떡갈비와 전라도 한상차림의 운명적 만남 **담양애꽃**
108 개성 가득 해물 한 상, 목포의 맛 **The락식향950**
109 MZ 세대도 반한 닭과 오리의 매력 **The미주농원120**
110 백 년 한옥에서 맛보는 전라도 한정식 **명궁관**
111 무안 특산물 낙지 다양하게 즐기기 **무안애꽃낙지한정식**
112 계절마다 찾아가고 싶은 건강한 자연 밥상 **문수헌**
113 우렁강된장과 직접 재배한 채소로 차린 건강 밥상 **보자기농가맛집**
114 칼국수와 돈가스의 꿀조합으로 남녀노소 홀릭 **신사와칼국수**
115 산골음식 흑염소 떡갈비와 닭구이의 변신 **안녕,홍매화**
116 매일 먹고 싶은 건강한 밥상 '쌈밥정식' **열무밭애**
117 지리산이 가장 훌륭한 식재료 창고 **예원**
118 가성비 좋고 분위기 좋은 보리굴비 맛집 **예향한정식**
119 고산 윤선도 11대손과 함께 3대가 운영하는 맛집 **전통식당**
120 약선과 발효의 지혜를 담은 건강 한정식 **참조은시골집**
121 함평을 담은 눈꽃비빔밥과 한우 **함평해월축산**
122 순천의 이야기가 담긴 자매 한정식 **향토정**
123 코스로 즐기는 단계별 홍어요리 **홍어1번지**

다담회의 역사 **272**

서울특별시。

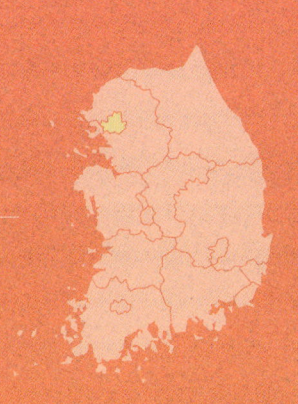

001 굴마을낙지촌
002 금강바베큐
003 남도한식정든님
004 대문한정식
005 동신명가
006 미가할매집
007 미림산장
008 바르미샤브샤브N칼국수
009 바른식 시골보쌈&감자옹심이
010 발산삼계탕
011 산채향
012 수담한정식
013 신가네칼국수
014 신안촌
015 신촌고기창고
016 엘림들깨수제비칼국수
017 오마이양대창
018 육통령
019 자연솜씨
020 제비뽑기
021 초원복집
022 포미가

바다의 보양 식재료로 만든 다양한 요리
굴마을낙지촌.

📍 서울특별시 강북구 오패산로 77길3   📞 02-900-0500

🍴 뚝배기굴밥 1만1천원, 문어보쌈(中) 4만9천원, 매생이굴국밥 1만1천원, 낙지비빔밥 1만1천원
해물파전 1만6천원, 생굴보쌈(中) 4만6천원, 멍게비빔밥 1만2천원

시원한 굴국밥이 매력적인 굴마을낙지촌은 부부가 17년째 운영하는 식당으로 언제나 고객들로 붐비는 곳이다.

굴마을낙지촌은 굴과 낙지를 재료로 한 다양한 메뉴와 통영 멍게를 숙성해 조리한 멍게 비빔밥, 동해안 참문어가 들어간 문어보쌈 등 비빔밥과 보쌈 메뉴 등 30여 가지의 다양한 메뉴가 눈길을 끈다.

팽이버섯과 날치알이 톡톡 씹히는 뚝배기굴밥과 기름에 튀기듯 조리해 더욱 바삭바삭한 식감이 특징인 해물파전이 인기메뉴다. 매생이를 넣은 매생이굴국밥, 매생이굴수제비, 매생이굴떡국 등 매생이를 식재료로 한 건강 요리도 다양하다.

보쌈은 문어보쌈, 한치보쌈, 꼬막보쌈, 겨울에 맛볼 수 있는 생굴보쌈 등이 있으며 한치, 문어, 생굴에 보쌈 수육을 함께 먹을 수 있는 메뉴다. 쫄깃쫄깃하다는 평이 많은 보쌈 수육은 초벌로 훈제한 다음 삶아 비린내가 나지 않고 살이 탱탱하다. 오징어보다 더 연하고 감칠맛이 나는 한치 요리도 대표메뉴 중 하나다. 굴곤드레밥, 해물곤드레밥, 낙지비빔밥, 한치비빔밥, 꼬막비빔밥 등 비빔밥도 다양하다.
이밖에도 굴삼계탕, 매운낙지보쌈, 생굴무침, 문어숙회, 꼬막무침, 한치무침, 참소라무침, 꼬막참소라무침 등 계절을 느낄 수 있는 다양한 요리가 항상 준비돼 있다.

버섯과 부추, 날치알을 넣어 씹히는 맛이 일품인 뚝배기굴밥과 매생이를 곱게 갈아 넣는 매생이 콩국수 등 바다의 향을 느낄 수 있는 다양한 요리를 맛볼 수 있다.

백년가게로 가치 인정받은 바비큐치킨 최강자
금강바베큐.

서울특별시 서초구 사평대로 349   02-511-0976
숯불바베큐 2만원, 마늘치킨 1만9천원, 숯불소금구이 2만원, 후라이드치킨 1만9천원, 골뱅이소면 2만원

서울 서초구 반포동 내 숯불 치킨 거리에 자리 잡고 있는 금강바베큐는 지난 1987년 오픈한 이 구역 터줏대감이다. 오랜 역사를 자랑하는 만큼 인근 직장인이나 주민들에게 꾸준히 인기를 얻고 있는 것은 물론 타 지역에서도 소문을 듣고 찾을 만큼 명소로 꼽힌다.

금강바베큐의 대표메뉴는 참숯으로 구운 숯불바베큐다. 독자적으로 개발한 특제 소스는 매콤하면서도 감칠맛이 뛰어나다. 숯불소금구이는 소금과 후추로 간을 해 느끼하지 않고 담백한 맛이 일품이다. 마늘, 생강, 양파로 숙성시킨 닭을 튀긴 후라이드와 양념치킨도 빼놓을 수 없다. 마늘치킨의 경우 꿀과 마늘소스가 조화롭다.

금강바베큐 한정수 대표는 1990년대 후반 일반 음식점에 흔히 볼 수 없었던 컨벡션 오븐을 도입, 보다 빠르고 맛있게 음식을 완성했다. 매장 역시 1, 2층으로 100평대를 자랑해 각종 모임이나 회식 장소로 선호도가 높았다.

금강바베큐는 맥주가 맛있기로도 소문이 자자하다. 맥주에 대한 자부심이 큰 독일인들도 즐겨 찾을 정도다. 이는 한 대표가 주방을 비롯해 맥주 기계를 깨끗하게 유지하는 데 힘썼기 때문이다. 특히 맥주 기계는 맥주 브랜드 담당자가 보고 놀랄 정도로 청결하게 관리하고 있다.

한 대표는 "해외로 견학을 많이 다녔다. 맥주 기계를 청결하게 유지하는 것도 유럽에서 배웠다. 기계가 깨끗해야 맥주의 맛과 청량감이 더 살아난다"고 강조했다.

한편 금강바베큐는 지난 2021년 백년가게로 선정, 그 가치를 인정받았다. 최근에도 트렌드를 반영한 신메뉴 개발을 지속적으로 하며 젊은층에게도 어필하고 있다.

1987년 오픈한 금강바베큐는 인근 직장인이나
주민은 물론 타 지역에서도 소문을 듣고 찾을 만큼
명소로 꼽힌다. 지난 2021년 백년가게로 선정,
그 가치를 인정받았다.

대한민국 명품맛집 123선　017

푸짐하게 차려내는 남도 별미 밥상
남도한식정든님.

📍 서울특별시 중구 세종대로14길 22-5　　📞 02-775-0038
🍴 정든님특정식 2만8천원, 고운님정식 2만6천원, 굴비정식 2만5천원, 남도정식 2만3천원
　　간장게장정식(암게) 2만5천원

남도한식정든님은 전남 완도에서 나고 자란 김형순 대표가 서울시청 부근에서 18년째 운영하고 있는 남도 토속음식전문점이다. 워낙 시청 맛집으로 자리매김한 지 오래된 이곳은 서울시청 등 관공서를 비롯해 주변 직장인들의 모임·회식 장소는 물론 남도음식을 즐기기위한 고객들로 인기가 많은 곳이다.

보리굴비, 참꼬막, 매생이, 전복, 서대, 우럭 등 남해안에서 공수해 오는 해산물로 남도 한 상을 차려내는 대표메뉴는 간재미초무침, 소불고기, 코다리찜, 김치찜, 솥밥으로 구성된 남도정식과 굴비, 간장게장을 추가한 고운님정식, 고운님 정식에 매생이, 서대, 보리굴비까지 더한 정든님특정식이 있다. 여기에 홍어삼합, 벌교참꼬막, 굴전, 전복회, 산낙지 탕탕이, 연포탕 등 단품메뉴를 곁들이면 제대로 된 남도한식을 즐길 수 있다.

특히 보리굴비는 김 대표가 남도한식정든님고운님을 운영하면서 처음 선보인 메뉴로 그때부터 녹찻물에 밥을 말아 보리굴비와 같이 먹는 방식이 널리 알려지기 시작했다고 한다. 다양한 남도 별미 음식과 함께 제공되는 반찬 역시 김 대표의 고향인 완도에서 공수해 온 미역, 해초류 등을 사용해 만든 것으로 남도 한정식의 특색을 살렸다.

제대로 된 한식을 쉽게 맛보기 어려운 요즘 푸짐하게 차려낸 남도 한 상을 합리적인 가격에 맛볼 수 있다는 점이 남도한식정든님의 가장 큰 특징이다. 김 대표는 "우리집 음식은 추억을 그리는 음식이다. 음식을 먹으면 고향, 부모, 형제, 친구가 떠오르는 것, 그게 20여 년 가까이 단골들이 찾아주는 이유라고 생각한다. 앞으로도 변함없는 맛과 정성으로 남도 한식의 명성을 오래도록 이어가고 싶다"고 말했다.

전통 한옥을 개조한 매장 내부와 '한정식은
비싸다'는 편견을 깨고 남도의 깊은 맛과 정취가
느껴지는 집밥 같은 한 상을 제공한다.

맛, 서비스, 가격 삼박자 갖춘 지역 내 터줏대감
대문한정식.

- 서울특별시 도봉구 시루봉로 139-6
- 02-956-0843
- 간장게장정식 2만9천원, 보리굴비정식 2만7천원, 전복갈비찜정식 3만2천원, 대문특정식 3만9천원 효정식 4만9천원, 수라정식 5만6천원

대문한정식은 푸짐하면서도 정갈한 상차림, 높은 가성비로 언제나 고객들이 넘쳐나는 맛집이다. 인근 주택과 아파트단지에서 온 가족 고객은 물론 각종 모임과 비즈니스, 상견례 고객들까지 즐겨 찾는 지역의 터줏대감이다. 고풍스럽고 고즈넉한 분위기의 매장 내부로 들어서면 매장 곳곳에 놓인 화사한 꽃들과 어느 좌석에서나 볼 수 있도록 정성스럽게 꾸며놓은 중정 정원, 방마다 벽면에 전시해 놓은 액자들이 갤러리를 방불케 한다. 실내 정원 창에 적힌 시는 잠시 동안이지만 이곳을 방문한 이에게 여유로움을 제공한다.

대문한정식의 시그니처메뉴는 간장게장정식이다. 서해안 봄 꽃게만을 엄선해 담가 숙성기간을 거쳐야만 하는 간장게장은 오픈 이래 여전히 고객들의 입맛을 사로잡고 있다. 계절죽, 물김치, 샐러드, 궁중잡채, 해파리냉채, 흑임자연근범벅 등이 코스 내에 포

대문한정식집은 엄선한 재료로 깔끔한 어머니의 손맛과 정성 가득한 한정식을 선보여 오랫동안 지역민들의 사랑을 받고 있다.

함되어 있다. 또 자연 해풍에 말린 감칠맛 나는 보리굴비정식, 소갈비와 활전복을 더해 몸의 기력까지 배가시키는 보양식인 전복갈비찜정식도 많이 찾는 메뉴다. 대문특정식, 수라정식, 효정식은 기본 정식에 표고버섯탕수, 홍어삼합, 들깨탕, 낙지볶음, 새우튀김, 소떡갈비, 훈제연어, 문어초물회 등이 추가로 더해져 가족모임이나 상견례 등에 즐겨 찾는다.

대문한정식은 원래 정명용 대표가 송어 전문식당으로 운영해오다가 한정식전문점으로 업종 변경을 통해 지금에 이른다. 현재는 아들 정연욱 부장이 총괄 운영하고 있다. 정 부장은 "한정식은 특정 요리나 반찬 몇 가지만 잘 만든다고 되는 것이 아니라, 음식 하나하나 모두가 중요하다. 죽이나 물김치에서부터 메인요리와 후식에 이르기까지 모든 음식이 잘 어우러져야 비로소 고객이 잘 먹었다고 생각한다"며, 정성을 다하는 대문한정식의 기본을 이야기한다.

3대 이어가는 평양냉면, 떡갈비 명소
동신명가.

📍 서울특별시 서초구 반포대로28길 31 1층   📞 02-583-8892
🍴 평양냉면 1만3천원, 소떡갈비 2만4천원, 돼지떡갈비 1만4천원, 돼지양념갈비 1만7천원
보따리만두 1만2천원, 소고기보양탕 1만2천원

경기도 동두천과 서울시 강동구를 거쳐 지난 2021년 서울지하철 2호선 서초역 인근으로 옮긴 동신명가는 평양냉면과 떡갈비로 유명하다. 대표메뉴인 평양냉면은 소, 돼지, 닭고기를 3시간 동안 끓여 완성한 육수와 잘 익은 동치미가 조화로울 뿐만 아니라 자가 제분한 메밀을 사용해 향도 깊다.

떡갈비는 질 좋은 소고기의 갈빗살을 발라 곱게 다져 사과와 양파, 다시마, 감초 등 자연 재료 10여 가지를 넣은 비법 맛 장으로 맛을 내 자극적이지 않고 깊은 맛을 내며, 직화로 구워 겉은 바삭하고 속은 촉촉하게 즐길 수 있다. 떡갈비는 소와 돼지고기 중 취향에 따라 선택할 수 있다. 매년 9월부터 이듬해 3월까지 계절메뉴로 선보이는 보따리만두와 양지 육수에 양지와 사태살을 잘게 찢어 넣고 고사리, 토란대 등 채소와 함께 푸짐하게 끓여낸 소고기보양탕 역시 인기가 많다.

1964년 문을 연 동신명가는 동두천 일대에서 평양냉면으로 문전성시를 이룰 만큼 주목을 받았고, 이후 떡갈비, 만두 등 메뉴를 추가하며 고객들에게 더욱 많은 사랑을 받았다. 동신명가는 중소벤처기업부에서 인증한 백년가게에도 선정됐다. 그 오랜 역사의 기록은 매장 곳곳에서 발견할 수 있다. 벽면에 개업 초반 사용했던 간판이나 당시 보도된 신문기사 등을 걸어 둔 것. 박영수 대표가 어린 시절 매장 앞에서 촬영한 사진도 흥미롭다. 이러한 자료들은 고객 만족을 넘어 동신명가에 대한 신뢰를 높이는 역할을 톡톡히 하고 있다.

동신명가는 지난 2014년부터 서울 마포구 상암동에 분점을 운영하고 있다. 이곳은 박 대표의 아들이 맡고 있으며, 3대를 이어 고집스러운 맛을 보여준다.

1964년 문을 연 동신명가는 평양냉면, 떡갈비, 만두로 현재까지 고객에게 많은 사랑을 받고 있으며 중소벤처기업부에서 인증한 백년가게에도 선정됐다.

소고기 숯불구이와 한정식의 절묘한 조화
미가할매집.

📍 서울특별시 관악구 신림로 374   📞 02-888-6940
🍴 미가정식 3만2천원, 할매A정식 4만2천원, 할매B정식 4만원, 꽃갈비살코스 5만9천원
　 양념갈비코스 6만1천원, 한우생등심코스 7만9천원

미가할매집은 소고기구이와 코스요리를 접목시킨 고품격 코스요리&구이전문점으로 관악구를 대표하는 맛집이다. 1987년 보쌈전문점 '할매보쌈'과 1997년 샤브&구이전문점 '할매집'으로 선풍적인 인기를 끌었고, 지난 1997년 오래된 건물을 재건축해 분위기와 서비스가 남다른 고품격 코스요리&구이전문점으로 거듭난 35년 전통의 외식명가다. 한식 코스요리의 경우 가짓수는 많지만 메인요리의 부재에서 오는 허전함을 한우 숯불구이로 보완해 가족 모임은 물론 다양한 모임의 외식 장소로 각광 받고 있다.
미가할매집은 1층 입구에서부터 마치 호텔의 로비 서비스를 받는 것처럼 전담 직원이 고객을 맞이해 눈길을 끈다. 2층부터 6층으로 구성된 매장에는 4인부터 50인석까지 다양한 크기의 룸과 입식, 좌식 테이블이 조화롭게 배치되어 있어 가족모임부터 단체 회식까지 다양한 고객의 욕구를 충족시켜 준다.

7가지 이상의 일품요리와 함께 고품질의 원육을 선별한 소고기구이까지 즐길 수 있어 고객들의 만족도를 높이고 있다.

가장 인기 있는 메뉴는 꽃갈비살코스다. 소고기 숯불구이에 전복찜, 연어샐러드, 제철 삼색전 등 7품 요리와 황동냄비에 제공하는 전골, 식사와 후식까지 함께 즐길 수 있어 포만감은 물론 제대로 된 한 끼 식사를 즐길 수 있다. 음식을 제공할 때는 각각의 음식에 대한 설명과 소스의 특징, 먹는 방법은 물론 고기도 구워줘 만족도를 높여준다.

주중 평일에만 제공되는 점심특선은 한우 양념구이와 궁중떡볶이, 샐러드, 전 등 찬과 된장전골이 제공되는데 인근 주부 고객들은 물론 비즈니스 고객들이 부담 없이 즐기는 메뉴다.

지금은 흔하지만 소고기구이에 코스요리를 접목, 구이문화의 새로운 방향을 제시하며 끊임없이 변화를 시도해 온 미가할매집은 앞으로도 제철 채소와 해산물 등 계절감을 살린 식재료에 천연소스로 맛을 내 최대한 자연의 맛을 살린 요리를 선보인다는 계획이다.

시원한 계곡에서 맛보는 토종닭백숙
미림산장.

📍 서울특별시 강북구 삼양로 181길 253　　📞 02-933-3330
🍴 (2~4인 기준)토종닭백숙 7만원, 오리백숙 7만5천원, 돼지왕갈비 7만5천원, 오리훈제 7만5천원
　흑염소탕(1인분) 1만8천원

서울 강북구에 자리한 우이동 계곡 인근은 원래 원씨 성을 가진 원주민들의 집성촌이었다. 그 후 1990년대에는 유원지가 되었고, 현재는 우이령 숲속 문화 마을이라는 이름으로 바뀌었다. 북한산과 도봉산의 경계 중턱에 위치해 계곡이 흐르고 숲이 아름다운 미림산장의 박순재 대표 아내 원금자 씨도 이곳에서 태어나 자랐고, 미림산장도 원씨의 조부모 때부터 시작해 지난 1992년에 박 대표 부부가 가게를 이어받아 운영하고 있다.

미림산장의 대표메뉴는 토종닭백숙과 닭볶음탕, 능이토종닭백숙, 능이오리백숙, 흑염소탕 등이다. 부추가 가득 들어간 토종닭백숙과 매콤한 닭볶음탕은 오랜 시간 정성스럽게 끓여 간이 알맞고 맛이 깊다. 작은 폭포가 흐르는 계곡 등 자연을 즐긴 후 먹는 보양식으로 안성맞춤.

닭백숙 외에도 오리백숙과 오리로스, 돼지왕갈비, 삼겹살, 불고기, 도토리묵, 해물 부추전, 골뱅이무침 등 다양한 메뉴는 오랜 세월 음식을 해 온 원금자 씨의 손맛이 더해져 계곡 음식점 그 이상의 맛을 낸다는 고객들의 평이 이어지고 있다. 흑염소는 흑염소수육, 흑염소전골, 흑염소탕, 무침 등으로 즐길 수 있다. 특히 여러 가지 한약재가 들어간 흑염소탕은 양념을 따로 넣지 않고 100% 원액 그대로를 맛볼 수 있어 보양이 되는 기분이다.

미림산장에서는 식사 후 커리를 마실 수 있는 카페도 운영한다. 한 소설가가 지어준 '하늘 아래 작은 마을'이라는 이름의 이 카페에서는 고구마를 구워 먹을 수 있는 화로가 있어 고객들에게 정겨운 공간을 선사한다. 서울에서 자연과 함께 건강한 음식으로 힐링하고 싶다면 '계곡 맛집'이라는 키워드에 꼭 맞는 미림산장으로 가보자.

우이동 계곡 아름다운 숲속에서 즐기는
미림산장의 토종닭백숙은 그야말로
힐링 보양식이다.

건강과 푸짐함, 가성비까지 갖춘 광진구 맛집
바르미샤브샤브N칼국수.

📍 서울특별시 광진구 아차산로 471 CS PLAZA   📞 02-3437-1005
🍴 소고기샤브샤브(1인 평일) 1만7천8백원, 소고기+해물샤브샤브(1인 평일) 1만9천8백원
어린이 1만3천8백원, 소고기 추가 1접시 6천원

뜨거운 육수에 각양각색의 채소와 살랑살랑 소고기를 데쳐 먹는 샤브샤브는 식재료 본연의 맛은 물론 건강까지 챙길 수 있어서 남녀노소 누구에게나 호불호가 적은 음식이다. 바르미샤브샤브N칼국수 구의점은 소고기와 해산물 샤브샤브 무제한으로 즐길 수 있는 샐러드바를 갖추고 있어 많은 이들에게 사랑받는 광진구 맛집이다.

대표메뉴는 소고기샤브샤브와 소고기+해물샤브샤브로 소고기는 목심 부위를 사용하며 해물은 주꾸미, 꽃게, 새우, 갑오징어 등 철에 따라 달리한다. 샤브샤브 육수는 한우사골육수를 기반으로 한 얼큰 육수, 맑은 육수, 반반 육수 3가지가 있어 고객의 취향에 따라 선택할 수 있다.

바르미샤브샤브 구의점의 경쟁력은 각종 채소부터 샐러드, 육류, 요리, 디저트, 음료까지 한 곳에서 맛있고 푸짐하고 쾌적하게 즐길 수 있다는 것이다. 깔끔한 샐러드바에

대중교통 접근성이 열악함에도 10년 넘게 한 자리를 지키고 있다. 다양한 요리들로 구성된 뷔페형 샐러드바와 디저트, 음료까지 무제한으로 이용할 수 있다.

가득 채워 놓은 신선한 채소와 정갈하게 준비된 일품요리는 이곳을 보여주는 바로미터다. 바싹불고기, 양념치킨, 등갈비찜, 동태전, 해무침, 청포묵, 버섯잡채 등 계절 따라 조금씩 다르게 제공하는 요리는 맛과 퀄리티가 뛰어나 만족도가 더욱 높다. 샤브샤브를 즐기고 난 후에는 감자, 미니 물만두 등 여러 재료를 조합해 칼국수를 끓여 먹고, 우유 눈꽃빙수와 과일, 쿠키 등 디저트로 마무리하면 포만감이 가득하다.

먹는 음식은 정직하고 바르게 해야 한다는 이곳 김민자 대표는 꼼꼼하게 선별한 신선한 식재료로 다양한 샐러드와 샤브샤브용 소스, 보리빵 등을 직접 만들어 제공하고 있다. 또한 100평 규모의 넓은 공간에는 테이블 간격을 여유롭게 배치해 쾌적한 분위기를 선사하고 단체석 룸을 갖추고 있어 단체모임, 회식 장소로도 안성맞춤이다.

24년간 변함없는 맛·서비스의 명품 보쌈
바른식 시골보쌈&감자옹심이

📍 서울특별시 서초구 방배천로 12(본점)   📞 02-6959-2830

❌ 모둠보쌈 6만9천원, 보족세트 5만1천원, 시골보쌈 4만3천~5만9천원, 족뱅이 6만3천원
  감자옹심이 1만2천원, 꼬막무침 2만8천원

보쌈과 족발, 그리고 감자옹심이를 주력으로 한 바른식 시골보쌈&감자옹심이는 사당역 일대 최고의 맛집으로 유명세를 떨치며 연일 고객들로 가득 차는 곳이다.

대표메뉴인 시골보쌈은 국내산 돼지고기 목살과 삼겹살 부위만 사용하고 있다. 비싼 원가에도 이를 고집하는 이유는 맛 때문이다. 보쌈은 시간대별 판매량을 계산해 삶아 제공해 잡내가 없이 촉촉하다. 부드럽고 담백하게 삶은 보쌈은 시원한 보쌈김치와 곁들였다. 쫀득하면서도 야들한 맛이 일품인 족발도 고객들이 선호한다. 족발은 특히 매일 적정 수량만 삶아 한정 판매하기 때문에 오후 7시 이전에 매진되는 경우도 많다. 이곳에서는 쫀득쫀득한 족발과 탱글탱글한 골뱅이 무침을 곁들여 먹는 '족뱅이'로 즐길 수 있다. 시골보쌈&감자옹심이의 본관은 물론 별관까지 고객들로 가득 차는 데는 이유가 있다. 고객 요청에 따라 지방을 선호하면 삼겹살 부위를, 살코기를 좋아할 경우 목살 부위를, 골고루 좋아하면 두 부위를 섞어 제공하는 등 세심한 서비스가 고객 만족에 방점을 찍고 있다.

별미로 꼽히는 감자옹심이는 강원도 전통 방식으로 감자를 직접 갈아 조리해 쫄깃하고 섬유질이 살아있는 식감을 자랑하며, 국내산 생매생이를 더해 특유의 풍미까지 느낄 수 있다. 이외에 감자전, 메밀전병, 해물파전, 쟁반막국수 등 메뉴도 다양하다.

김순금 대표는 "1999년부터 본격적으로 매장을 운영하면서 고객이 음식을 남기면 직접 먹어보고 문제점을 파악해 끊임없이 보완하고 개선하고 있다"며 "돼지고기부터 고춧가루까지 좋은 식재료를 사용하는 것도 건강하고 맛있는 음식을 제공하기 위함이다"라고 강조했다. 한편 시골보쌈&감자옹심이는 향후 소규모 매장 형태로도 가맹사업을 전개할 예정이다.

바른식 시골보쌈&감자옹심이는
좋은 식재료의 맛과 영양을 전통 방법으로
정성껏 조리한다. 고객 맞춤 서비스까지
제공하며 오랜 시간 지속적으로 사랑받고 있다.

몸에 약이 되는 삼계탕을 제공하다
발산삼계탕.

📍 서울특별시 강서구 강서로 344   📞 02-3662-3930
🍴 발산삼계탕 1만9천원, 누룽지삼계탕 2만2천원, 담양죽순삼계탕 2만2천원
   삼산배양근능이삼계탕 2만5천원, 용미봉탕3만7천원

한국인의 대표 보양식 삼계탕을 선보이고 있는 발산삼계탕은 '음식이 곧 약'이라는 소신을 고스란히 담은 삼계탕을 선보이는 곳이다. 닭고기의 경우 몸이 찬 사람에게는 약이 될 수 있지만 열이 많은 사람에게는 독이 될 수 있다. 발산삼계탕은 차가운 기운을 가진 보리, 콩 등 12가지의 국내산 곡물을 빻아 넣고 우린 곡물 육수를 사용해 누가 먹어도 부담 없이 구수하고 담백한 맛의 삼계탕을 제공하고 있다.

발산삼계탕은 음식에 지역 특산물을 활용하는 것으로도 유명하다. 미네랄이 풍부한 강화도 교동 찹쌀, 사포닌 함유량이 풍부한 충남 금산의 5년근 수삼, 경남 거창과 전남 해남에서 재배한 배추만을 사용하는 등 전국 방방곡곡에서 좋은 식재료를 찾아서 사용한다. 고객의 건강을 위해 소금은 간수 뺀 신안 천일염에 함초와 다시마를 넣어 직접 만든 저염 소금을 제공한다.

발산삼계탕은 능이버섯, 동충하초, 산삼배양근 등 항산화작용과 항암작용이 높은 식재료를 넣은 용미봉탕을 선보여 질병을 예방할 수 있는 보양 삼계탕도 개발했다. 이곳 심미정 대표가 약이 되는 음식을 만들기 위해 약선 공부를 하며 이를 메뉴에 적용해 개발한 것이다. 삼계탕에 넣는 누룽지와 모든 음식은 직접 조리해 제공하는 것을 원칙으로 하며 김치와 깍두기, 장아찌 등 밑반찬도 염도를 낮추는 대신 자주 담근다.

발산삼계탕의 삼계탕에는 하나부터 열까지 고객을 생각하는 심 대표의 정성과 노력이 한 그릇에 담겨 있다. 좋은 식당은 고객이 먼저 알아보는 법. 오전 11시인 이른 시간에도 어느새 매장 안은 고객들로 북적이고 음식을 먹는 고객들의 얼굴에 즐거움이 번진다.

발산삼계탕은 좋은 재료를 찾아 대한민국 곳곳을 찾아다니며 '착한 재료가 좋은 음식의 기본이다'는 신념을 바탕으로 요리를 제공한다.

더덕향 가득한 한상차림
산채향.

📍 서울특별시 종로구 경희궁길 6   📞 02-733-1199
🍴 더덕구이정식 2만2천원, 더덕보리굴비정식 3만원, 더덕장어구이정식 3만원, 더덕떡갈비정식 2만6천원
더덕매운갈비찜정식 3만원, 더덕보쌈정식 2만6천원

서울 광화문역 근처에 위치한 산채향은 특유의 향과 맛을 지닌 더덕으로 다양한 일품 요리를 선보이는 더덕요리전문점이다. 강원도 횡성과 평창에서 직접 재배한 더덕을 사용해 더덕의 아삭한 식감과 진한 향, 쌉싸름하면서도 단맛이 일품이다. 더덕은 주로 구이나 무침으로 요리하는 경우가 많지만 산채향은 전채부터 메인, 후식까지 음식 대부분에 더덕으로 맛과 향을 더한다.

더덕은 거담 작용이 강해 예로부터 자양 강장식품으로 널리 사용됐으며 폐와 비장, 신장을 튼튼하게 해주고 찬 성질로 인해 기관지염, 천식, 가래 등 호흡기 질환에 좋은 것으로 알려져 있다. 더덕의 하얀 진액은 각종 암 예방과 산후조리에 좋으며 피부미용에도 효과적이다.

산채향의 대표메뉴인 더덕구이정식은 친환경 우렁이 농법으로 재배한 고품질 쌀에 신선한 더덕을 넣고 지은 더덕밥과 특제 양념장으로 맛을 내고 숯불로 구워낸 더덕구이를 맛볼 수 있는 영양 정식이다. 불고기, 잡채 등 5가지 요리와 제철 식재료로 만든 기

본 찬, 따뜻한 국물이 함께 제공된다. 더덕보리굴비, 더덕매운갈비찜, 더덕장어구이, 더덕떡갈비 등 단품 요리도 다양하며 산채향전골, 더덕보쌈, 더덕훈제오리, 더덕녹두·감자·김치전 등 술 한잔 곁들이기 좋은 특별 안주요리까지 갖췄다.

산채향이 개발한 각종 더덕요리와 더불어 다양한 음식들을 골고루 맛볼 수 있는 코스요리도 있다. 산채향코스요리는 가족·친지, 연인 등 소중한 사람과 함께하는 자리에 맞도록 구성됐으며 특히 비즈니스 모임이나 동창 모임, 상견례와 같은 특별한 만남을 갖는 자리에 제격이다. 김성제 대표는 "도심 속 바쁜 직장인들에게 더덕요리를 통해 건강한 밥상을 제공하고 싶다"며 "더덕을 비롯해 유기농 식재료로 만든 정성 담은 산채향의 음식을 즐겨보길 바란다"고 말했다.

진한 향과 깊은 맛의 산채향 더덕요리는 먹는 이들의 눈코입을 즐겁게 한다.

바른 음식, 가성비 최고의 한정식 코스요리
수담한정식.

📍 서울특별시 강남구 봉은사로 418, B1   📞 02-558-4900
🍴 담정식 2만5천원, 선비상 3만8천원, 대감상 4만8천원, 진연상 5만9천원, 수라상 7만9천원

서울 삼성동에 위치한 한정식 코스요리전문점 수담한정식은 건강하고 고급스러운 식재료에 부담 없는 가격으로 항상 고객들로 문전성시를 이루는 곳이다. 2009년 대치동에서 시작해 2014년 지금의 자리로 이전한 이후에도 여전히 인기를 이어가는 것은 한정식의 문턱을 낮춰 많은 고객이 한정식을 접할 수 있도록 한 윤영복 대표의 철학이 담겨 있다.

수담한정식은 정갈하고 건강한 한식으로 코스요리, 일품요리 등을 선보인다. 약 300평 규모에 350개의 좌석, 28개의 룸을 갖춰 상견례나 돌잔치, 스몰웨딩, 칠순·팔순 잔치, 기업 행사 등 각종 단체 모임 장소는 물론 일반 고객을 위한 홀 공간도 마련돼 있다.

수담한정식이 오랫동안 사랑을 받는 또 하나의 이유는 흔들리지 않는 맛과 품질이다. 33년 경력의 한식 조리기능장인 이성자 총괄이사가 주방을 총괄하며 산지 직거래로 전국 각지에서 엄선한 제철 식재료를 활용해 전통을 살린 건강하고 다채로운 한식 요리를 선보이고 있다. 메뉴는 평일 점심 특선메뉴인 담정식과 가성비 높은 선비상, 저녁 식사인 진연상과 수라상 외에도 대감상, 용왕상 등 다양한 코스요리가 있으며, 건강을 생각한 메뉴 구성, 맛과 영양이 풍부한 요리가 제공된다. 좋은 재료로 정성 들여 만든 '바른 음식'을 지향하는 윤 대표는 바른 음식이 우리의 건강과 우리의 생활, 우리의 관계에 주는 가치를 믿는다. 조리 직원들 대부분이 한식조리 자격증을 가지고 있는 수담한정식은 신선로와 색색의 탕평채, 해파리냉채가 들어간 회무침, 감태를 곱게 갈아 색을 낸 청포묵, 두메부추를 곁들인 보쌈, 생선 대구를 튀겨 소스에 버무린 대구탕수, 노루궁뎅이 버섯이 들어간 갈비찜, 삼색전, 수삼 튀김, 보리굴비 장인이 만든 법성포 해풍 보리굴비 등을 코스 요리에서 맛볼 수 있다.

수담한정식 1층 라운지에서 판매하는 법성포 해풍 보리굴비는 화려하진 않아도 정성과 시간을 들인 장인의 자존심이 담겨 있어 선물용으로 인기다.

40년 전통의 남도토속음식전문점
신가네칼국수。

📍 서울특별시 노원구 공릉로59나길 78-14   📞 02-948-9956
🍴 국민보리밥 5천원, 서리태콩국수 8천원, 오곡 자가제면 들깨칼국수 7천원, 해물파전 1만5천원
　메밀전병 6천원, 수육한접시 1만3천원

칼국수, 보쌈, 보리밥을 파는 신가네칼국수는 가성비 좋은 노원맛집, 노원을지병원 맛집으로 유명하다. 오랜 노포 분위기가 물씬 풍기는 이곳은 원래 바지락칼국수로 첫 장사를 시작했다. 요리를 좋아해 한식조리자격증을 취득할 정도로 음식을 해서 사람들과 나눠 먹는 것을 즐겨 했던 김현경 대표. 바지락칼국수만으로는 뭔가 부족한 것 같아 고객들에게 무료로 제공해주었던 보리밥이 또 하나의 메뉴가 되었고, 저녁 고객 확보를 위해 보쌈 수육을 추가하면서 메뉴를 하나둘씩 늘려갔다.

신가네칼국수는 을지병원 뒤편에 있다 보니 건강을 생각하는 고객들이 많아 지금은 바지락칼국수가 아닌 들깨칼국수를 낸다. 칼국수 면은 보리, 현미, 흑미, 콩, 검은깨 등 오곡을 넣어 자가제면하고, 매일 빻은 들깻가루를 사용해 고소한 맛을 극대화하고

건강까지 챙겼다. 매장에서 직접 갈아 만든 서리태콩국수, 5가지 나물을 넣은 국민보리밥은 직접 만든 국내산 백태로 만든 강된장과 곁들여 어느 메뉴 하나 정성이 깃들지 않은 것이 없다. 보리밥은 보리쌀을 미리 삶아서 밥을 해야 하기에 손이 많이 가지만 고객들에게 정성을 다하는 마음 하나로 지금까지 변함없이 5천원에 제공하고 있다.

가족이나 친지들에게 밥 한 끼 제공한다는 마음으로 고객을 맞아 온 것이 벌써 22년째를 맞은 신가네칼국수는 절대 길을 지나다가 우연히 찾아올 수 있는 상권이나 입지가 아닌 꼭 마음먹고 찾아와야만 하는 곳에 자리해있다. 그럼에도 불구하고 아름아름 고객들이 찾아와 주는 것이 그렇게 감사할 수가 없다는 김 대표는 어떻게 하면 고객들에게 더 좋은 재료로, 더 좋은 음식을 드릴까 하는 마음뿐이다. 고객을 향한 한결같은 마음으로 전하는 밥상이 신가네칼국수가 오래도록 고객들의 사랑을 받아온 이유다.

신가네칼국수는 사람을 살리는 건강한 한 그릇의 힐링 밥상으로, 이곳에서 내는 모든 음식과 반찬은 매장에서 직접 정성으로 만들고 있다.

2대째 이어오는 40년 전통 남도음식 전문점
신안촌.

📍 서울특별시 종로구 사직로12길 8 📞 02-725-7744
🍴 낙지꾸리 6만원, 흑산홍어 15만원, 홍어삼합 小 6만6천원·大 7만7천원, 낙지 연포탕 2만5천원
병어구이/조림 6만5천원, 민어회 싯가

신안촌은 서울 종로구 내자동 골목에서 40년 가까이 전라도 음식을 선보이고 있는 남도토속음식전문점이다. 전남 신안 출신의 이금심 대표가 지난 1986년부터 운영하기 시작해 현재는 딸과 함께 신안촌을 운영하고 있다.

대통령의 맛집으로도 유명한 신안촌은 남도음식전문점답게 연포탕, 매생이탕, 홍어삼합, 낙지꾸리, 병어구이·조림 등이 대표메뉴다. 특히 연포탕은 이 대표가 서울에서 가장 먼저 선보였다고 말할 만큼 자부심이 크다. 연하고 부드러운 낙지와 시원하고 담백한 국물맛 덕분에 몸보신은 물론 숙취 해소를 위해 찾는 이들도 많다. 기다란 나무 꼬치에 생낙지를 말아 끼운 뒤 구워낸 낙지꾸리도 본래 제사상에 올리는 귀한 음식이었으나 참기름을 발라 화덕에 은은하게 구워 대중성 있는 음식으로 선보여 이곳의 특별한 대표메뉴가 됐다. 낙지에 배인 고소한 참기름 향과 불맛이 일품.

묵은지, 백김치, 고사리, 도라지, 미역줄기, 콩나물, 취나물, 머위대나물 등 함께 제공되는 밑반찬 역시 별미다. 이 대표는 계절마다 직접 제철 식재료를 사용해 밑반찬을 만들고 김치를 담근다. 한식의 특성상 손이 많이 가고 시간도 오래 걸리지만 정성을 담지 않고서는 제대로 된 음식 맛을 낼 수 없다는 게 그의 철학이다. 이런 노력은 정부에서도 높이 평가해 중소벤처기업부 인증 '백년가게'에 선정되었다.

이 대표는 "같은 식재료와 요리법을 사용하더라도 손맛에 따라 음식은 바뀐다"며 "내 손맛을 기억하고 신안촌을 다시 찾아주시는 고객들을 위해 조금 수고스럽더라도 모든 반찬을 직접 만든다"고 설명했다. 그러면서 "아무리 시대가 변했어도 한식만큼은 정성과 고객과의 교감이 필요한 음식이다. 신안촌은 앞으로도 따스한 옛 감성을 그대로 이어갈 것"이라고 전했다.

지난 2018년 '백년가게'에 선정된 신안촌은 '故 김대중 전 대통령 단골집'이라는 수식어가 붙을 만큼 명성이 자자하다.

0.3% 최상급 고기와 화끈한 서비스로 꾸준한 인기
신촌고기창고。

📍 서울특별시 서대문구 연세로7길 34-4 📞 02-323-9090
🍴 한돈명품삼겹 1만6천원, 한돈갈비본삼겹 1만7천원, 한돈오리지날돼지갈비 1만8천원
  소양념주물럭 1만9천원, 통통삼겹 1만3천원, 한돈명품삼겹 1만6천원

신촌에 위치한 고기창고는 'MBC 고기정량 모범업소선정', 'MBC불만제로'에서 유일하게 칭찬받은 고깃집으로 유명하다. 최근엔 TV조선의 '식객 허영만의 백반기행'에 만화가 허영만과 아나운서 황수경이 출연해 고기 맛에 반해 화제가 되기도 했다. 고기창고는 32년 전통의 고깃집이지만 트렌드에 맞게 경쾌한 매장 분위기를 선보여 젊은 직장인들과 학생들에게 꾸준히 사랑받고 있다.

고기창고는 돼지고기 육질이 우수한 흑돈 버크셔와 요크셔 듀록을 교잡해 만든 프리미엄 얼룩 돼지를 사용한다. 고기 굽는 과정에서 지방과 수분 배출이 적어 불판에 구웠을 때 기름이 잘 튀지 않고 풍부한 육즙과 쫄깃한 식감을 자랑한다. 아는 사람만 먹는다는 0.3%의 최상급 고기 외에도 다양한 모양으로 디자인된 삼겹살의 담음새도 SNS를 즐기는 젊은층의 취향을 저격한다.

신촌고기창고는 0.3%의 프리미엄 돼지고기를 가장 맛있게 즐길 수 있도록 333법칙을 개발해 먹는 재미를 준다.

고기가 가장 맛있게 구워지는 333 법칙도 연구해 최상의 고기 맛을 즐기도록 했다. 고객들에게 타이머를 제공, 불판이 달궈지면 고기를 앞뒤로 3분씩 굽고 자른 후 1분씩 더 굽도록 한 것. 다 구운 고기는 제주 통멸치를 갈아서 만든 멜젓이나 프리미엄 갈치속젓에 찍어 먹으면 일품이다. 매장에서 직접 담근 수제 명이나물장아찌도 고기 맛을 배가시키는 요소다.

서비스에 대한 철학도 확고하다. 이곳 송효복 대표는 "직원들에게 고객을 끊임없이 주시하라고 요구한다. 고객이 매장을 둘러보는 것은 무엇인가 필요하기 때문이다. 그리고 직원들이 고기 1인분을 더 주든 음료수나 맥주 한 병을 더 주든 재량껏 서비스를 할 수 있도록 권한을 준다"고 말한다.

부드럽고 고소한 들깨의 깊은 맛
엘림들깨수제비칼국수.

서울특별시 강북구 삼각산로 67   02-996-2583
칼국수 1만원, 수육 1만4천원, 고기만두 6천원, 포장용 들깨칼국수(비조리) 2인분 1만6천원

2006년 문을 연 엘림들깨수제비칼국수는 부드러우면서도 고소한 들깨의 맛을 즐길 수 있어 식당 문을 열기 전부터 고객들이 줄을 서서 기다리는 맛집이다. 고소한 들깨 칼국수가 일품인 이곳은 매일 아침 방앗간에서 들깨를 새로 빻는데 껍질을 세 번 벗겨내 씁쓸한 맛을 없앴다. 속살만 남은 들깨는 고소하고 단맛이 나며, 부드러운 식감으로 목 넘김이 훨씬 편하다.

칼국수의 면은 톳이 들어간 면을 사용하는데, 김영록 대표가 15년 전 이 톳 면을 처음으로 만들었다. 들깨와 궁합이 좋은 톳을 갈아 국수 반죽에 넣어 쫄깃쫄깃한 면의 식감과 함께 고소한 맛을 배가시켰다. 해조류인 톳은 각종 미네랄이 풍부하며 국수면에 촉촉한 느낌을 더해주고 소화를 돕는 식재료다.

엘림들깨수제비칼국수에서는 칼국수를 시키면 보리밥과 수육을 서비스로 주는데, 이 수육 맛이 남달라 멀리서 일부러 찾아오는 고객들이 있을 정도다. 서비스로 나오는 수육은 칼국수 1인분에 수육이 4조각 정도로 나온다. 수육은 감초, 정향, 팔각, 계피, 황기, 월계수잎 등의 한약재를 넣어 가마솥에서 삶는데 고객들이 오는 시간에 맞춰 하루에 대여섯 번씩 삶아 고객상에 바로 내기 때문에 잡내가 없고 식감이 살아있다. 수육과 함께 나오는 무말랭이도 고객들이 맛본 후 식당에서 사갈 정도로 감칠맛을 자랑한다. 식전에 나오는 보리밥은 늘보리를 사용해 옛날 방식으로 두 번 삶아 맛이 구수하고 부드러워 어르신들이 특히 좋아한다. 칼국수와 단짝인 김치 겉절이는 하루에 두 번 5kg씩 배추를 절이고 그때그때 버무려 내 아삭거리고 살아있는 느낌을 준다. 특히 들깨칼국수는 생포장 테이크아웃 해 집에서도 매장에서와 똑같은 맛으로 즐길 수 있다.

모든 음식에 조미료를 넣지 않고 함초 소금으로만 간을 하는데, 함초는 염전에서 나는 풀로 함초 소금은 옛날 임금님 상에 오르던 것이다.

20년 장인 노하우 그대로 가성비 양대창구이
오마이양대창。

📍 서울특별시 송파구 삼전로 75 상윤빌딩 1층   📞 02-420-5882
🍴 특양구이 1만9천원, 한우대창구이 1만6천원, 한우곱창 2만4천원, 양볶음밥 1만4천원, 대창덮밥 1만원

오마이양대창은 양대창전문점 연타발에서 운영하는 프랜차이즈 브랜드다. 잠실점은 오마이양대창 가맹 1호점으로 지난 2019년 11월 개업한 후 현재까지 성업 중이다. 합리적인 가격으로 양대창 장인의 맛을 즐길 수 있기에 이곳을 찾는 고객들의 발걸음이 끊이지 않고 있다.

대표메뉴는 특양구이와 한우대창구이. 특양, 한우대창, 곱창으로 구성된 세트메뉴를 먼저 주문한 후 염통구이 등 단품을 추가하는 것이 오마이양대창을 제대로 즐기는 방법이다. 대창을 구울 때 나는 연기가 특양에 스며들어 고소한 맛은 배가 되고 식감도 부드러워진다.

대창과 곱창은 한우를 사용한다. 코로나19 시기에 수입산의 품질이 현저히 떨어져 한우로 변경, 맛과 품질을 확실하게 잡아 고객 만족도까지 상승시키는 효과를 누리고 있다. 20년 전통의 숯불구이 방식이 연타발의 특징인 만큼 오마이양대창도 숯불에 구워 숯향이 그윽하다. 이곳 황수창 대표는 "고기와 숯의 거리는 7~9cm일 때 가장 맛이 좋다. 이를 위해 화로에 자갈을 깔아 높이를 맞추는 등 고객에게 최상의 맛을 제공하기 위해 노력한다"고 말했다.

오마이양대창은 엄격한 냉동 기술로 해동 후에도 고품질을 자랑하며, 본사 노하우와 품질 관리 시스템까지 동일하기 때문에 더욱 믿고 먹을 수 있다. 궁채, 목이버섯, 청양고추 등으로 담근 피클과 묵사발 등 기본찬은 물론 매콤한 맛이 일품인 특제 소스도 다소 느끼할 수 있는 구이 맛을 잡아주는 데 효과적이다. 무엇보다 특양, 대창, 곱창, 막창, 염통 등 구이류는 타지 않게 굽는 것이 핵심이다. 테이블에는 물론 직원 유니폼에도 '타지 않게 자주자주 굴려주세요'라고 재치 있게 적어 놓은 문장이 눈길을 끈다.

합리적인 가격에 특양, 한우대창 등을 즐길 수 있는 오마이양대창. 특양+대창+막창 조합의 모둠메뉴가 인기다.

소고기보다 맛있는 토종 광개토흑돼지
육통령。

📍 서울특별시 서초구 반포대로20길 69   📞 0507-1379-8592
🍴 왕도끼뼈오겹 4만9천원, 광개토흑돼지 원조오겹살 1만7천원, 광개토흑돼지 목살 1만7천원
    숙성김치찌개 8천원, 토장찌개 8천원

서울 교대역 오겹살 맛집인 육통령은 100% 국내 순수 혈통의 토종 광개토흑돼지를 맛볼 수 있는 곳이다. 6000년 전통의 광개토흑돼지는 경북 지례에 위치한 자체 식육관에서 기르는데 육질이 우수하며 육즙이 풍부하고 식감이 쫄깃하다. 육통령은 광개토흑돼지의 강점을 제대로 맛보이기 위해 육밀도와 보수성이 높은 돼지를 선별, 15일 이상 저온 숙성해 대나무 숯불 위에서 구워 고기의 풍미와 맛을 살렸다.

육통령이 돼지고기 맛집으로 유명한 이유는 이곳 국중성 대표가 고깃집 운영부터 시작해 숙성법과 유통, 농장 운영까지 고기의 'A to Z'를 오롯이 배우고 실천해왔기 때문이다. 국 대표는 어떻게 하면 촉촉하고 고소한 고기 맛을 선보일 수 있을까 연구한 끝에 대나무 숯 직화를 선택, 고기 두께와 굽기 균형을 잡아 고객별 맞춤형 그릴링을 선보이고 있다.

15년 동안 전국을 찾아다니며 먹어보고 선택한 6000년 전통의 지례 흑돼지와 육통령만의 노하우로 만들어 낸 최적의 숙성고기.

고기에 곁들여 먹는 소스도 소금, 쌈장, 와사비, 새우젓, 갈치속젓, 오미자식초 등 6가지로 다양해 취향대로 즐기면 된다. 특히 오미자청 소스는 경북 예천군에서 만든 식초와 유기농 오미자를 사용해 만든 것으로 시고, 달고, 맵고, 짜고, 쓴 다섯 가지 맛과 풍부한 영양소를 함께 느낄 수 있다.

육통령의 또 한 가지 자랑은 매일 즉석 도정해서 제공하는 갓 지은 밥이다. 비옥한 토양으로 잘 알려진 파주에서 재배된 쌀을 사용해 쌀이 맑고 투명하며 품종 고유의 밥맛을 느낄 수 있다. 후식메뉴인 숙성김치찌개와 토장찌개를 먹기 위해 육통령을 찾는 고객들도 많다. 김치찌개는 숙성, 발효, 저장의 단계를 거친 완성도 높은 숙성김치를 사용해 감칠맛과 산미가 좋아 깊은 맛이 일품이다. 토장찌개는 강원도 횡성에서 직접 메주를 띄워 만든 육통령만의 토속된장을 사용해 짜지 않고 구수한 맛을 낸다.

엄마의 솜씨 그대로의 건강 밥상
자연솜씨.

📍 서울특별시 서대문구 이화여대길 52 진선미관 1층　📞 02-362-5559
🍴 큼직하게 칼칼한 갈치조림 3만5천원, 부드러운 칼칼 명태조림(中) 3만2천원, 고등어구이 1만7천원
전복버섯돌솥밥 1만9천원, 등갈비묵은지김치찜 3만2천원

'정을 나누는 우리나라 가정식 상차림'을 표방하는 자연솜씨는 이화여자대학교 진선미관 1층에 자리해 있다. 진선미관은 130년 된 석조건물로 캠퍼스 최초의 기숙사 건물이다. 주변 자연경관과 건물 자체에서 내뿜는 예스러운 분위기가 운치를 더하는 자연솜씨에 들어서면 교정이 내다보이는 창문, 벽난로 등이 자연솜씨만의 특별한 공간을 만들어준다.

이곳은 홍명숙 대표가 17년간 '아름뜰'이라는 카페테리아를 운영하면서 학생들에게 많은 사랑을 받아왔던 곳을 한식 위주의 밥상을 즐길 수 있는 자연솜씨로 변경해 운영하고 있다. 건강한 맛을 추구하는 상차림은 지인의 집에 초대받은 듯 다소 격식을 갖춰 정갈하고 멋스럽다. 음식이 짜지 않고 조미료를 사용하지 않은 담백한 맛으로 이곳을 방문한 이들은 집밥같이 속이 편안하다고 입을 모은다. 때문인지 외부의 고객들도 주말이면 맛집 순례하듯 이곳을 찾는 발길이 늘고 있다.

자연솜씨의 메뉴는 갈치조림, 명태조림, 고등어구이, 생대구탕, 보리굴비정식과 같은 생선요리가 주를 이루며 전복버섯돌솥밥, 등갈비묵은지김치찜, 버섯불고기전골, 떡갈비정식 등 다채로운 메뉴들이 선보인다. 학교 특성상 단체고객이 많아 프리미엄 도시락도 많이 나가며, 반찬을 판매해달라는 고객 니즈가 많아 조만간 반찬 판매도 계획하고 있다. 고춧가루, 된장 등의 양념은 물론 각종 식재료는 전국 각지의 국내산을 사용해 고객들에게 신뢰감을 더한다. 자연솜씨는 강서구 마곡동 이대서울병원점도 오픈해 건강한 반찬으로 만든 정갈한 한식과 캐주얼한 경양식, 프리미엄 도시락 등을 제공하고 있다.

정갈한 가정식 요리를 선보이는 자연솜씨는 130년 된 캠퍼스 최초 기숙사 건물에 위치해 특별한 분위기를 더하며, 국내산 식재료로 제철의 다채로운 음식을 펼치고 있다.

대한민국 명품맛집 123선 051

수제비에도 명품이 있다, 바지락 폭탄 수제비
제비뽑기.

📍 서울특별시 성동구 성수이로24길 38 1층 📞 010-5533-6980
❌ 김치말이냉국수 9천9백원, 맑은바지락수제비 1만9천원, 묵은김치바지락수제비 1만2천9백원
생골뱅이굴국밥 1만3천9백원

제비뽑기는 건물 주차장 한편에 위치한 숨은 맛집이지만 뛰어난 맛과 푸짐한 양으로 정평이 나 있다. 대표메뉴는 맑은바지락수제비로 외관에도 '수제비 먹으러 왔다가 바지락으로 배터지는 집', '바지락으로 사치하자'라는 문구가 적혀 있을 정도로 바지락에 진심이다. 바지락의 크기가 크고 양이 더 많은 수제비는 명품 브랜드명을 차용 '황제왕에르메스 맑은바지락수제비'라는 메뉴명을 붙여 눈길을 끈다. 실제로 1인분에 무려 500g의 바지락을 넣어 '산더미 바지락' 또는 '바지락 폭탄'이라고 불리기도 한다. 비법 반죽과 육수를 활용해 쫀득한 식감부터 맑고 진한 국물까지 일품이다.

깊은 맛의 묵은김치바지락수제비, 매콤하게 즐길 수 있는 매운바지락수제비 등도 있다. 생골뱅이 굴국밥은 '건대통골뱅이'라는 골뱅이전문점으로 20여 년간 사랑받으며 승승장구했던 이곳 김하연 대표의 주특기 메뉴로 대한민국 1% 골뱅이, 3년 묵힌 김치, 경남 통영굴을 넣어 만들었다. 황해도 장현리에서 즐겨 먹는다는 동치미냉칼국수와 냉국수도 인기다. 점심에는 수제비, 국밥 등 식사 메뉴를 팔지만 저녁에는 포차로 변신한다. 통골뱅이, 닭볶음탕, 부추전, 소고기타다끼, 통골뱅이 등 '건대통골뱅이 스토리'로 펼치는 오마카세를 맛볼 수 있다.

제비뽑기는 한국적인 요소가 매장 곳곳에 녹아 있다. 김치를 담는 놋그릇, 자개로 만든 수저통, 한복을 입힌 물병, 부채, 갓 등을 걸어 둔 벽면도 인상적이다.

김 대표는 "수제비전문점이 많지 않다. 수제비 반죽을 손으로 뜯어야 하는 힘든 과정이 필수이기 때문이다"라며 "예전부터 수제비전문점을 꼭 하고 싶었다. 하고 싶은 음식을 하기 때문에 힘들지 않고 고객들 역시 좋아해 줘서 만족한다"고 말했다.

육수에 산더미처럼 많은 바지락을 넣은 바지락수제비 등 수제비가 그리울 땐 제비뽑기로 가면 제대로 즐길 수 있다.

도심 속 자연에서 즐기는 복요리
초원복집.

📍 서울특별시 강남구 밤고개로14길 13-48   📞 02-459-3347
🍴 (점심특선) 참복특선 3만8천원, 밀복특선 2만8천원, 참복스페셜 9만원, 초원A코스 6만원
　초원B코스 4만9천원, 초원C코스 3만5천원

SRT의 운행으로 전국 각지에서 서울로의 접근성이 높아진 가운데 수서역 인근 교수마을에 위치한 초원복집이 각종 모임 및 접대 장소로 주목받고 있다. 도심 대로에서 마을로 접어들어 주택들 사이 골목길을 가다 보면 막다른 곳에 다다를 즈음 초원복집을 만나게 된다. 3층 단독건물로 된 매장은 1층 주차장과 대기석, 2층 홀 매장과 3층 룸으로 구성돼 있다. 자리에 앉아 창밖을 보면 바로 앞에 울창한 숲이 마주한 말 그대로 '숲세권'이다. 봄, 여름, 가을, 겨울 언제나 다른 풍경을 볼 수 있다는 얘기. 꼭대기에 있는 테라스에서는 청정한 숲의 공기와 탁 트인 서울 하늘을 만끽할 수 있다.

인기메뉴는 복불고기와 전복구이, 복가라아게, 참복지리, 야채죽 또는 볶음밥으로 구성된 참복 B코스다. 코스에 따라 참복사시미, 참복샤브샤브 등을 즐길 수 있으며 전복구이, 가와초회 등도 맛볼 수 있다. 특히 복사시미는 복요리전문점 가운데에서도 하

초원복집은 오는 12월 '늘복집'으로 상호를 변경할 계획이다. 늘 변함없는 맛과 서비스를 제공하며 고객과 오랫동안 함께 하겠다는 의미다.

는 곳이 많지 않지만 이곳 초원복집은 이진희 대표와 아들이 모두 복조리사 자격증을 소지해 안전하게 즐길 수 있다.

메뉴를 주문하면 먼저 개인 샐러드와 물김치 그리고 양배추와 복 껍질을 매콤하게 무쳐 쫄깃하고 매콤한 맛이 매력적인 복껍질무침이 먼저 나온다. 이어 복어를 통째로 튀긴 복가라아게가 나오는데 살집이 많아 제대로 복튀김을 즐길 수 있다. 전채요리를 먹고 나면 매콤하면서도 감칠맛이 일품인 복불고기가 나온다. 통째로 양념한 복어와 채소를 주물 팬에 담아 내어주는데 테이블에서 볶아 먹도록 했다. 매콤한 복불고기를 먹고 나면 시원하면서 간이 적당해 무한흡입이 가능한 복전골요리가 나온다. 취향에 따라 지리와 매운탕으로 즐길 수 있다. 마무리로는 야채죽 또는 볶음밥으로 하면 만족스러운 식사다.

건강, 맛 다 잡은 나를 위한 한 끼
포미가.

📍 서울특별시 금천구 가산디지털1로 212 코오롱 디지털타워 애스턴 110호 📞 02-6956-7570
🍴 와규편백찜 1만5천원, 이베리코편백찜 2만1천원, 모둠편백찜 2만5천원, 스페셜편백찜 3만5천원
한우편백찜 3만5천원, 게한마리어묵탕 2만1천원

최근 많은 사람들이 건강을 소중히 여기며 유지하고 개선하고자 신선한 채소, 고기, 해산물 등 영양소가 풍부하고 면역 체계를 강화하는 데 도움을 주는 건강식을 찾기 시작했다. 이에 포미가는 고기와 해산물을 주재료로 활용한 편백찜과 샤브샤브를 선보이며 맛과 건강을 동시에 챙길 수 있는 건강식을 선보인다.

포미가 대표메뉴인 편백찜과 샤브샤브는 와규, 이베리코, 해물, 채소 등 신선한 재료를 사용한다. 특히 포미가에서 사용하는 편백찜기는 대한민국 목공예명인인 '편백사랑' 최철규 대표와 협업해 만들어 더욱 특별하다. 편백나무는 피톤치드 향이 풍부해 고기와 해산물의 잡내를 제거하는 것은 물론 식재료에 편백나무의 향이 고스란히 배어들어 원물의 맛을 극대화한다.

원재료의 맛을 살린 육수 또한 포미가의 강점이다. 편백나무, 월계수잎, 통후추, 정향, 황기 등을 넣어 특별한 향과 맛이 음식에 깊은 풍미를 부여한다. 또한 10년 숙성 씨간장과 천일염으로 간을 조절하기에 깔끔하고 담백한 맛을 자랑한다. 이 역시 자극적인 음식을 제공하기보다 식재료 원물의 맛을 최대한 살리면서도 고기와 해산물의 조화를 강조하는 방식을 취한 것이다. 여기에 국산 고추를 사용해 매콤달콤한 맛이 일품인 칠리 소스와 씨간장과 발사믹 식초를 배합해 감칠맛이 조화로운 발사믹 소스가 다채로운 맛을 제공한다.

포미가는 편백찜 외에도 다양한 메뉴가 있다. 그중에서도 게 한 마리가 통째로 들어간 게한마리어묵탕은 저녁 술안주로 인기다. 또 최상급 와규에 금가루를 뿌리고 송이버섯, 문어, 전복, 가리비, 새우 등을 더한 스페셜편백찜은 비주얼과 맛 그리고 건강을 사로잡아 가족 외식 및 회식 메뉴로 인기가 많다.

고품질의 편백나무로 만든 포미가 전용 편백찜기는 특유의 피톤치드향이 가득해 식재료 원물의 맛을 더욱 살려준다.

경기도 & 인천광역시.

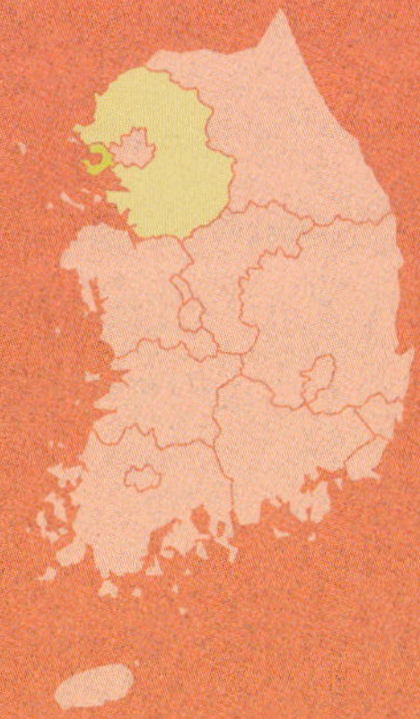

경기도

023 강민주의들밥
024 넓은뜰밥상
025 더늘봄
026 동강맑은송어
027 신가네암소설렁탕
028 여자수산
029 오동추야
030 청미횟집
031 피자성효인방
032 훈장골

인천광역시

033 가현생고기
034 강나루숯불장어
035 나무꾼이야기
036 메이드빈카페
037 태돈
038 태백산

먹고 나면 마음 속 여운이 남는 인생 밥상
강민주의들밥.

📍 경기도 이천시 마장면 지산로22번길 17   📞 031-637-6040
🍴 들밥 1만5천원, 금실보리굴비정식 3만원, 해선간장게장정식 3만3천원, 숯불고기정식 3만원

경기도 이천시 마장면 지산리조트 인근에 위치한 강민주의들밥은 손맛 좋기로 유명한 '집밥의 여왕' 강민주 대표가 운영하는 전국적인 맛집이다. 매일 오전 11시 오픈이지만 10시가 조금 넘으면 오픈런을 위한 줄이 길게 늘어설 정도다.
대표메뉴는 들밥을 기본으로 각각 보리굴비, 간장게장, 숯불고기를 추가하고 갓 지은 돌솥밥과 청국장을 더한 정식이다. 그중 보리굴비는 맛과 판매량에서 전국 1등이라고 자부할 만큼 찾는 사람이 많다. 울금가루로 비린 맛을 제거하고, 보리굴비의 뼈를 발라 고객이 손쉽게 먹을 수 있도록 서비스를 제공한 것이 전국 1등의 비법이다. 보리굴비는 얼음을 넣은 녹찻물에 밥을 말아 한 점 올려 먹으면 잃었던 입맛이 살아난다. 간장게장은 제주산 황게로 담그는데 껍질이 딱딱하지 않고 살도 실한데다 짜지 않고 슴슴해 말 그대로 밥도둑이다. 야외에서 숯불에 구워주는 숯불고기는 숯 향이 그윽한데다 단짠단짠의 조화가 일품이다.

강민주의 들밥은 맛과 색이 화려하거나 요란하지 않지만 먹고 나면 '인생 밥상'에 오를 만큼 특별함이 있다. 소박하지만 정성으로 준비한 음식이 고객의 마음에 닿기 때문이다.

반찬은 제철 식재료와 고객이 선호하는 식재료로 다양하게 선보이는데 집에서 해 먹기는 어렵지만 어릴 적 엄마가 해주었던 음식이 기억날 만큼 익숙하면서도 새롭다. 각종 나물무침을 비롯해 가지튀김무침, 볶음 등 10여 가지의 반찬은 셀프코너를 만들어 놓고 부족하면 더 가져다 먹을 수 있도록 했다. 반찬은 워낙 인기가 많아 포장 판매도 하는데 식사한 고객의 절반 이상이 구매해 갈 정도다.

이곳 강민주 대표는 최근 들밥에서 선보였던 각종 반찬을 기본으로 100여 가지의 반찬 레시피를 정리해 《강민주의 사계절 들밥 반찬》 단행본을 펴냈다. 많은 한식당 경영주들이 궁금해하는 들밥 반찬의 특급 조리법을 숨김없이 공개해 외식업소에서는 반드시 구비해야 할 레시피북으로 명성이 자자하다.

음식은 마음…정성 담긴 따뜻한 밥상
넓은뜰밥상.

📍 경기도 수원시 권선구 세화로 104   📞 031-296-5292
🍴 황제밥상 4만7천원, 특급밥상 3만8천원, 특별밥상 3만2천원, 넓은뜰밥상 2만4천원, 보리굴비 1만7천원
간장게장 2만원, 코다리찜 2만원

제대로 된 한정식을 맛보기가 점점 어려워지는 요즘, 경기도 수원에서 손에 꼽히는 한정식 맛집이 있다. 바로 수원 역세권 부근을 10여년째 지키고 있는 넓은뜰밥상이다.
'좋은 음식이 곧 약이다'라는 식약동원의 철학으로 손수 만든 효소 등 자연재료를 이용해 차려내는 건강밥상이 이곳의 대표메뉴다. 돌솥밥에 약보쌈과 코다리찜 등 9찬이 제공되는 넓은뜰밥상, 갈비찜과 고등어구이, 간장게장, 떡갈비 등 10찬이 제공되는 특급밥상 등 4가지 한정식 메뉴를 기본으로 간장게장, 보리굴비, 코다리구이 등 정갈한 단품요리를 맛볼 수 있다.
홍서현 대표는 화려함보다는 '한끼를 먹더라도 만족하고 행복한' 밥상을 추구한다. 그래서인지 넓은뜰밥상 식탁에 오르는 모든 메뉴는 어느 것 하나 그냥 지나치기 힘들 정도로 각별한 맛과 정성이 느껴진다. 자신만의 저장·숙성 노하우를 발휘해 사계절 내내

다양한 채소를 상에 올리고, 오리요리전문점을 운영했던 경험을 살려 다른 곳에서는 맛볼 수 없는 오리바비큐를 선보이기도 한다.

전국 각지에서 찾아오는 이들이 넘쳐날 만큼 문전성시를 이루지만 홍서현 대표는 점포를 확장하거나 2호점을 낼 계획이 없다. 지방에서 볼일을 마치고 새벽에 돌아와도 매장에 들러 그날 판매할 음식을 직접 준비해 두고 귀가할 정도로 완벽함을 추구하는 성격 때문이다. "처음부터 지금까지 큰 욕심 없이 우리집을 찾아주는 고객에게 맛있는 음식 한그릇 따뜻하게 대접하자는 마음으로 정성을 다하고 있다"며 "그것이 고객만족과 재방문으로 이어지는 계기가 된 것 같다"고 말했다.

손으로 치대 만든 떡갈비와 한약재로 삶아낸 약보쌈, 간장게장, 코다리찜 등 산해진미로 차려낸 특급밥상은 넓은뜰밥상의 솜씨를 고루 맛볼 수 있는 추천메뉴다.

23년 전통의 남양주 터줏대감
더늘봄.

📍 경기도 남양주시 진접읍 금강로 1845   📞 031-572-4447
🍴 한우꽃등심 5만3천원, 한우생등심 4만3천원, 버섯불고기 1만9천원, 상추쌈샤브세트 1만9천9백원
　모듬버섯샤브세트 2만1천9백원, 알뜰정식 2만1천원

경기도 남양주 주민에게 더늘봄은 가족모임장소의 대명사다. 가벼운 모임에서 외식, 생일, 기념일, 상견례, 결혼식, 단체행사까지 남양주 사람들이 모이는 곳에는 어김없이 더늘봄이 존재한다.

더늘봄 정명동 대표는 1991년 더늘봄을 오픈해 20년 넘게 남양주 주민과 함께 하는 동안 끊임없는 변화를 시도하며 지금의 더늘봄을 일궈왔다. 대표적인 것이 2006년 현재의 자리로 이전하며 초대형 웨딩&가든형 외식업소로 탈바꿈한 것이다. 일찌감치 대형화, 고급화를 모색하며 호텔급 시설과 서비스를 제공한 결과 남양주 지역사회를 대표하는 주민들의 커뮤니티로 자리매김했다.

최근에는 메뉴구성에 변화를 주며 고객 접근성을 높였다. 기존 대표메뉴였던 한정식과 갈비에서 과감하게 한정식을 제외하고 갈비 등 구이류에만 주력하기로 한 것. 인건비 절감과 시스템 효율화라는 시대적 흐름에 합류하기 위한 정명동 대표의 선택이다. 대신 점심에 한해 구이와 된장찌개, 푸짐한 찬류가 한상에 제공되는 알뜰정식을 새롭게 선보여 직장인 등 점심고객 만족도를 높였다.

정명동 대표는 코로나19 엔데믹과 함께 2년 넘게 진행하지 못했던 지역 어르신 대상 축제와 독거노인 집수리봉사 등 나눔활동과 선행을 다시 이어갈 생각이다. 지역의 명소를 넘어 지역사회에 환원하며 상생하는 그의 행보는 여전히 멋지다.

한돈목살양념구이와 솥밥, 된장찌개,
다양한 찬으로 구성된 점심한정 알뜰정식.
탁 트인 야외공간과 널찍한 홀은 더늘봄의
트레이드마크다.

동강 용천수가 기른 자연의 맛
동강맑은송어.

📍 경기도 수원시 장안구 조원로111번길 39 1층　　📞 031-245-3545
🍴 송어회 4만5천원, 한마리매운탕 4만5천원, 송어튀김 小 1만3천원·大 2만5천원, 회덮밥1만3천원
　송어회정식 2만원

송어는 민물고기 가운데 횟감으로 인기 있는 몇 안 되는 생선 중 하나다. 생김새와 색깔이 연어와 비슷해 연어회와 비교되기도 하지만 기름지고 부드럽기만 한 연어와는 달리 담백함과 쫄깃함, 고소함까지 갖춘 '민물고기의 귀족'이다.

동강맑은송어에서는 이러한 송어회를 가장 맛있고 신선한 상태로 즐길 수 있다. 손명희 대표의 친아버지가 강원도 정선에서 송어 양식장을 운영하고 있기 때문. 동강 최상류의 맑은 용천수로 키운 건강한 송어를 산지에서 직송, 매장 수족관에 보관했다가 주문이 들어오는 즉시 손질해 제공하기 때문에 그 맛이 남다르다. 손 대표는 "송어는 물이 조금만 탁해져도 바로 죽는다. 깨끗한 물에서만 살 수 있기 때문에 믿고 먹을 수 있는 건강식"이라고 강조했다.

손명희 대표는 한 자리에서 10년 넘게 송어전문점을 운영하면서 송어의 대중화에 일조했다는 자부심이 크다. 그는 건강하고 맛있는 음식을 제공하면 고객들도 감동할 것이라고 믿는다.

동강맑은송어에서는 20개월 정도 양식한 중간 크기의 송어만을 사용한다. 그 이상 자라면 몸집이 더욱 커지면서 수율이 좋아지지만 몸집이 커지는 만큼 살 속에 박힌 잔가시도 굵어져 먹기에 불편하다고. 이에 수율은 조금 떨어져도 먹기 편한 20개월짜리 송어만을 고집하고 있다.

매장 내 수족관 수온관리와 청소에도 신경을 쓰며 송어가 사계절 내내 최상의 컨디션을 유지할 수 있도록 하는 것도 비결이다.

송어회는 비빔회 방식으로 먹는 것을 추천한다. 양배추와 깻잎, 상추 등 모듬채소에 초고추장과 볶은 콩가루, 참기름 등을 넣어 비빈 뒤 여기에 송어회를 올려 입에 넣으면 다양한 맛과 식감이 어우러지면서 송어회의 참맛을 느낄 수 있다.

설렁탕 명인의 명품 설렁탕
신가네암소설렁탕

📍 경기도 고양시 덕양구 화정로 65-1 1층　📞 031-966-6633
🍴 신가네암소설렁탕 보통 1만원·특 1만3천원, 얼큰설렁탕 보통 1만1천원·특 1만4천원
　육회비빔밥 1만2천원, 수육 中 3만8천원·大 4만9천원

경기도 고양시 신가네암소설렁탕은 100% 한우 암소로만 끓여낸 진한 설렁탕 국물맛으로 유명하다. 코로나19로 외식인구가 급감했던 2021년 2월 문을 열었음에도 맛으로 입소문이 나면서 화정역 인근 직장인과 인근 주민의 단골집으로 자리 잡았다.
이곳 신재우 대표는 본인의 이름을 내건 만큼 맛에 대한 자부심이 남다르다. "레토르트 설렁탕, 프랜차이즈 설렁탕의 대부분은 가압방식을 사용하기 때문에 색은 뽀얗고 먹음직스럽지만 깊은 맛은 다소 부족한 편"이라는 것이 신재우 대표의 설명. 이러한 단점을 보완하고 '집에서 끓여 먹던 옛날 설렁탕 맛'을 재현하기 위해 가마솥 가열방식만을 고집, 매일 28~30시간씩 설렁탕을 끓여내는 수고를 마다치 않는다.
재료 선택도 고집스럽다. 한우는 암소 중에서도 월령수 50개월 미만의 것만을 사용하

매일매일 매장에서 30시간 이상을 끓여내는 한우암소설렁탕. 2000원을 추가하면 솥밥으로 즐길 수 있다. 여름철 특선메뉴인 육회비빔밥도 인기메뉴다.

는데, 이는 월령수가 높아질수록 뼈 속에 있는 맛있는 성분이 적어지기 때문이다. 사골과 잡뼈 등 뼈와 양지·사태 등 고기를 섞어 사용하는 방식으로 뼈국물과 육향의 조화로운 맛을 뽑아내는 것도 그만의 전매특허다. 신재우 대표는 "뼈를 사용하는 설렁탕과 고기를 사용하는 곰탕의 특징을 모두 갖춘 전통 서울식 설렁탕에 가까운 맛"이라고 설명했다.

신재우 대표는 신가네암소설렁탕 화정점은 직영으로 운영하되 이와는 별개로 '신재우 명인설렁탕' 브랜드로 프랜차이즈 사업을 전개할 계획이다. 시스템 효율화와 맛의 상향 평준화를 통해 기존 브랜드와는 차별화된 설렁탕 프랜차이즈로 롱런하는 것이 목표다.

맛있고 푸짐하고 다양하고 저렴하게
여자수산。

📍 경기도 안양시 동안구 관악대로 76   📞 031-466-6656
🍴 찰광어(大) 9만원, 고등어(大) 8만원, 도다리세꼬시(大) 7만5천원, 생연어 中 7만원·大 8만원
  전복미역국 1만5천원

'맛있고 푸짐하고 저렴하게.' 말로는 쉬운 이 슬로건을 하루도 빠짐없이 실천하기란 쉽지 않다. 여자수산은 이러한 모토를 20년 간 변함없이 실천한 결과 안양을 대표하는 만족도 높은 외식업소로 확고히 자리매김했다.
'멸치에서 고래까지'를 외치며 최대한 다양한 어종을 구비해 신선하게 제공하려는 박경애 대표의 노력도 큰몫을 했다. 성격이 급해 빨리 죽기로 유명한 고등어, 멸치의 폐사와 로스를 각오하면서까지 산지 직송을 고집, 활어회로 제공하는 등 남다른 노력을 계속한 결과 '서울에서도 접하기 힘든 다양한 어종을 사계절 내내 맛볼 수 있는 횟집'으로 입소문이 나 안양을 넘어 타지역에서도 일부러 찾아올 정도다.
여자수산은 2023년 12월이면 개업 20주년을 맞이한다. 박경애 대표는 20주년을 기점으로 그간 코로나19로 진행하지 못했던 기부 릴레이를 부활할 계획이다. 지금껏 1년에 한번, 매출이 가장 좋은 시기 중 하루를 '기부의 날'로 정해 해당일의 매출액 전액을 어려운 이웃에게 기부하는 기부 릴레이를 꾸준히 진행해왔다. 박 대표의 이러한 선행을 잘 아는 단골들은 매해 기부의 날이 정해지면 일부러 그날에 맞춰 여자수산에서 모임을 갖고, 기부금에 정성을 보태기 위해 새벽까지 음식을 주문하는 등 지원을 아끼지 않는다. 그 결과 코로나19 직전 해의 기부액은 2300만원에 달할 정도였다. 박경애 대표는 "여자수산을 20년 동안 운영하면서 가장 보람된 것이 바로 기부"라며 "외식업을 통해 지역사회에 좋은 영향력을 전파하고 있다는 자부심이 크다. 앞으로도 지역사회와 함께하는 여자수산이 되고 싶다"고 말했다.

여자수산의 시그니처메뉴 중 하나인 도다리회, 탱글탱글하고 차진 살에서 우러나오는 깊고 진한 단맛이 일품이다.

30년 손맛 깃든 수제돼지갈비
오동추야。

📍 경기도 이천시 증신로 160   📞 031-631-9288
🍴 수제돼지갈비 1만8천원, 수제돼지생갈비 1만9천원, LA양념갈비 2만7천원, 한우명품육회 小 1만8천원·大 3만2천원, 함흥물냉면·함흥비빔냉면 1만1천원, 소고기육전 1만5천원

오동추야는 2003년 소고기와 돼지고기 등 다양한 메뉴로 시작해 2013년 지금의 자리로 이전하면서 수제돼지갈비전문점으로 콘셉트를 바꿨다. 이후 돼지갈비 맛으로 꾸준히 입소문을 타면서 현재는 이천 지역에서 손에 꼽히는 성공점포로 자리매김했다. 오동추야 돼지갈비의 경쟁력은 단순하다. 브랜드 돈육 가운데서도 품질이 뛰어난 최상급 도드람 생고기만을 사입, 여기에 인공조미료 사용을 최소화한 담백한 맛의 양념을 더해 원육이 가진 맛을 최대한 살리는 것이다.

이곳 이완성 대표는 "질 좋은 생고기 수급이 어렵던 시절에는 달고 짜고 강한 양념으로 돼지갈비 맛을 냈지만 생고기를 사용하게 되면서 많이 달라졌다"며 "트렌드에 맞춰 메뉴를 꾸준히 업그레이드해온 것이 경쟁력으로 이어진 것 같다"고 말했다. 원육이 좋다 보니 다른 갈빗집에서는 쉽게 접할 수 없는 생돼지갈비를 맛볼 수 있다는 것도 인기 비결이다. 또다른 대표메뉴인 냉면에도 철학이 있다. 오픈 이래 지금까지 자가육수제조, 자가제면 철학을 고수하는데, 육수 재료는 수입산이 아닌 한우만을 사용하고 육수에 들어가는 동치미까지 직접 담근다.

오동추야만의 특급 서비스도 경쟁력이다. 별도로 마련된 대기 공간에서 커피, 아이스크림, 뻥튀기 등 다양한 후식을 즐길 수 있도록 했다. 특히 여름철에는 시판용 얼음컵을 냉동고에 가득 넣어놓고 아이스커피로 즐길 수 있도록 해 고객만족을 위한 노력을 엿볼 수 있다.

오동추야는 연내 지금과 약 500m 떨어진 장소로 점포를 이전한다. 그동안의 목표였던 '자가건물 마련'의 꿈을 이루게 된 것. 300여 평 규모의 초대형 매장에서 더욱 번창해나갈 오동추야를 기대해본다.

양념돼지갈비는 남녀노소 호불호 없는 외식메뉴다.
매장에서 직접 손질하고 양념한 수제돼지갈비와 자가제면 함흥냉면,
육전 등 다양한 사이드메뉴는 3대 가족 외식메뉴로 손색이 없다.

바다의 품격이 담긴 싱싱한 제철 한 상
청미횟집.

📍 경기도 화성시 송산면 사강로 177   📞 031-357-7822
🍴 모듬회세트 14만~16만원, 우럭·광어세트 11만원, 놀래미세트 12만원, 우럭매운탕 5만5천~6만5천원
꽃게탕·찜, 계절별미 싯가

경기도 화성시 사강시장에서 30년 동안 한 자리를 지켜온 청미횟집은 일대의 터줏대감 맛집이다. 이곳은 광어, 우럭, 놀래미 등의 횟감을 하루에 두 번씩 산지에서 들여오는데 30년을 한결같이 고수해온 이 신선한 식재료 공수 방식 덕분에 청미횟집에 대한 고객 신뢰도가 높다. 어종에 따라 수족관의 온도를 다르게 하는 등 관리 역시 철저하다. 대표메뉴인 자연산 회를 주문하면 조개탕이 제일 먼저 나오는데 서해바다에서 채취한 9~10가지의 조개로 끓인 조개탕을 보면 손님들은 푸짐한 양에 한 번, 시원한 맛에 두 번 놀란다. 계절에 따라 특색 있게 구성되는 기본 곁들이 찬에도 바다의 향이 가득하다. 가리비, 전복, 문어, 붕장어, 해삼, 키조개, 멍게, 산낙지 등 다른 곳에서는 제값을 치르고 먹어야 할 만큼 질 좋은 해산물 약 10여 가지가 한 상 푸짐하게 차려진다. 상다리가 부러질 정도로 가득 차려진 곁들이 해산물을 먹고 나면 메인 메뉴인 회가

제철 싱싱한 활어회와 어패류를 제공하는 청미횟집. 모듬회세트를 주문하면 각종 해산물과 조개탕 등 한 상 차려내 가성비 맛집으로 통한다.

나온다. 청미횟집의 자연산 회는 특유의 쫄깃쫄깃한 식감이 입안 가득 바다의 맛을 전한다. 이곳은 회를 담은 접시도 특별한데, 냉장고에 보관한 옥돌을 접시에 깔고 그 위에 회를 올려낸다. 이를 통해 시간이 지나도 회의 쫄깃함이 살아있고, 옥돌에서 나오는 원적외선이 세균이나 유해물질을 흡수해 마지막 한 점까지 신선하게 즐길 수 있다. 서해에서 잡히는 싱싱한 활어회와 어패류를 별미로 제공하는 만큼 봄이면 주꾸미샤브샤브, 맛조개찌개, 꽃게탕 등 계절 별미와 가을에는 전어구이와 회 등 제철 해산물을 즐기기에도 좋다. 특히 깊고 감칠맛 나는 우럭매운탕은 3대에 걸쳐 내려오는 비법 육수와 소스로 맛을 내 한번 맛을 보면 그 맛에 매료되고 만다.

35년 전통의 피자 노포 맛집
피자성효인방.

📍 경기도 양주시 장흥면 권율로 83-5   📞 031-855-5220
🍴 쑥·고구마크러스트피자(大) 3만2천원, 불고기더블크러스트피자(大) 3만3천원 미니폴+마늘빵 1만5천원
함박스테이크 2만3천원, 샐러드 1만원

경기도 양주시 장흥문화특구에 가면 아주 특별한 피자 노포를 만날 수 있다. 1988년에 문을 연 35년 전통의 피자전문점 피자성효인방이 그곳이다. 피자성효인방의 의미는 수많은 분재형 소나무와 아름다운 야생화로 뒤덮인 곳에서 맛있는 피자를 즐겼으면 하는 의미다. 피자, 파스타가 생소했던 그 시절, 피자성이라는 이름에 걸맞게 멋들어진 성곽같은 건물에서 선보이는 피자는 아주 특별한 외식 별미였다.

이곳 정복모 대표가 선보인 피자, 파스타는 미국이나 이탈리아식이 아닌 우리 입맛에 맞게 먹어도 속이 편하고 짜지 않도록 개발한 쑥피자다. 제주도산 쑥으로 도우를 만들어 향긋한 맛이 일품인 쑥피자는 어린시절 쑥떡을 먹고 자란 중장년층에게는 낯설지 않게 외국식 음식을 접할 수 있도록 했고, 최근에는 건강에 관심이 많은 남녀노소 입맛을 두루 만족시키고 있다. 쑥피자와 함께 인기를 끈 미니폴은 작은 쌀떡볶이와 스파게티, 각종 토핑을 넣고 치즈를 얹어 그라탱처럼 오븐에 구워내는데 찰고추장을 넣어 칼칼한 맛이 매력적이다.

피자성효인방을 방문해야 할 이유는 음식뿐만이 아니다. 2,600여 평의 대지에 펼쳐진 병설 청암민속박물관 때문이다. 개인 근현대사박물관으로는 국내 최대 규모로 1950~1970년대 시대상을 보여주는 이발소, 방앗간, 구멍가게, 대장간, 극장, 사진관 등 추억 어린 장소를 그대로 재현해 놓았다. 또 돌절구, 삼태기, 호롱불, 재봉틀 등 1만 2천여 점이 넘는 민속품과 생활용품을 비롯해 세계 각국의 탈과 각종 미니어처 등 구성도 최고 수준이다. 야외에는 분재형 소나무 숲 사이로 구절초, 애기똥풀, 물망초 등 계절 따라 피고 지는 수많은 야생화가 향기롭게 피어있어 자연을 그대로 느낄 수 있다.

국내 유일의 노포 피자집 피자성효인방과 병설 청암박물관은 맛과 멋이 공존한 공간이다. 청암박물관 정복모 관장의 뒤를 이어 대기업 다니던 아들 정석원 씨가 대를 이으며 공동 운영하고 있다.

소갈비가 맛있는 고객이 행복한 외식공간
훈장골.

📍 경기도 김포시 김포한강2로 23번길 78 2층　　📞 031-986-9600

🍴 훈장소양념왕구이 4만2천원, 한우명품등심 5만2천원, 한우설화꽃살 6만원, 명품생갈비 5만원
훈장소양념구이 3만6천원, 버섯생불고기 1만9천원, 돼지양념구이 1만9천원

훈장골은 촌장골과 갈비도락, 아낙네, 농부의뜰, 색동면옥 등 다수의 한식 브랜드를 운영하는 종합외식기업 리치코리아의 외식브랜드다. 인천과 수도권에서 프리미엄 수제 갈비를 주력으로 하는 훈장골은 10여 개의 대형 매장을 운영하며 가격 대비 넉넉한 양과 고급스러운 분위기, 고객 밀착 서비스로 지역 내 1등 맛집으로 자리매김했다.

대표메뉴는 명품생갈비, 설화꽃살, 훈장소양념갈비, 갈비찜, 버섯생불고기 등 고기류와 갈비탕, 함흥냉면 등이다. 양념갈비는 미국산 프라임(Prime)과 초이스(Choice)급 이상의 원육만 사용하고 수작업으로 다이아몬드 모양의 칼집을 낸 후 몸에 좋은 한약재와 갖은 재료를 넣어 72시간 숙성해 부드럽고 감칠맛이 풍부하다. 한우 생고기는 국내산 한우 1^+ 이상을 기본으로 한다. "고깃집은 원육 자체가 좋아야지 아무리 가공과 양념을 잘해도 원육이 좋지 않으면 고객들을 감동시키지 못한

훈장골	
계양점	032-545-6992
김포점	031-986-9600
논현점	032-434-1288
발산점	02-2666-5251
부평점	032-504-3001
봉담점	031-298-5656
사당점	02-525-9100
서창점	032-462-3366
수원점	031-296-7855
신공항점	032-746-6200
수지점	031-896-0050
신길점	031-493-2577
안산성포점	031-482-9038
영등포신길점	02-844-9492
일산점	031-969-4222
파주점	031-945-0238
평택점	031-655-9880
하남점	031-796-0892
화성점	031-366-5998

갈비도락	
미사점	031-793-9663
김포점	031-988-1033
서오릉점	02-356-5962
탄현점	031-293-2122

훈장골이 지역 내 1등 맛집으로 자리매김한 가장 큰 요인은 가성비와 가심비를 모두 만족시켜 모처럼의 외식을 즐겁게 해주는 '고객이 행복한 공간'을 지향하기 때문이다.

다"는 이곳 고재완 회장의 소신에서 비롯했다. 냉면은 육수부터 면까지 자체 CK에서 조리 명장의 지휘 아래 직접 제조해 사용하며 매일 신선한 채소로 만든 다양한 제철 반찬을 제공한다. 찬은 8~10가지를 기본으로 제공하는데 특히 양념 꽃게장과 가오리찜, 잡채, 단호박 샐러드 등 한정식집 찬과 비교해도 손색이 없다. 이처럼 맛과 퀄리티는 기본이고 가격 대비 넉넉한 양, 고급스러운 분위기, 넓은 주차 공간, 고기를 구워주는 밀착 서비스 등 모처럼의 외식을 즐겁게 해주며 접대에도 부담이 없어 훈장골이 있는 곳마다 지역 내 1등 맛집으로의 위상을 공고히 하고 있다.
한편 훈장골은 자체 CK에서 생산한 양념갈비, 왕갈비, 떡갈비, 갈비탕, 꼬리곰탕 등 다양한 메뉴를 밀키트와 HMR 제품으로 만들어 고객 서비스 차원에서 저렴한 가격에 판매하고 있다.

인천지역 고기러버들이 애정하는 돼지고기 맛집
가현생고기.

📍 인천광역시 서구 검단로 508 이지준프라자 101호   📞 032-565-7732
🍽 한돈특상구이한마리 500g·700g, 들기름막국수, 토하젓비빔밥, 한우된장술밥, 후루룩 떡볶이

인천 검단사거리에 위치한 가현생고기는 인천지역 고기러버들의 전폭적인 지지를 받는 돼지고기 맛집이다. 숯 중의 으뜸으로 꼽히는 참숯 비장탄과 맞춤 화로에 구워 어디에서도 맛볼 수 없는 가장 완벽한 직화구이를 선사한다.

2003년 오픈해 올해로 만 20년이 된 가현생고기의 대표메뉴는 돼지 한 마리에서 맛볼 수 있는 다양한 부위를 모둠으로 선보이는 한돈특상구이한마리다. 지리산 흑돈 목살, 삼겹살, 항정살, 가브리살, 껍데기와 가래떡, 대파 꼬치로 구성된 한상은 맞춤 제작한 목기에 부위별로 담아내는데 꽃처럼 아름다운 비주얼이 MZ세대의 시선을 사로잡고 있다.

고기를 주문하면 선지해장국이 먼저 나오고 초석잠장아찌, 명이나물장아찌, 콩나물파무침, 묵은지, 상추 등 찬과 쌈장, 와사비에 절인 표고버섯, 갈치속젓, 멜젓, 게랑드 소금, 꿀 등이 한 상 나온다. 참숯 비장탄에 구워 겉은 바삭하고, 속은 육즙이 가득해 촉촉한 고기는 제공된 찬을 곁들여 취향껏 즐기면 된다. 멜젓은 숯불 위 석쇠에 올려놓고 바글바글 끓인 다음 고기를 담궈 먹고, 숯불에 구운 가래떡은 꿀에 찍어 먹으면 그 맛이 일품이다.

가현생고기는 고기 외에도 맛봐야 할 것이 있다. 들기름막국수와 스테디셀러인 토하젓비빔밥, 그리고 된장술밥이다. 들기름막국수는 메밀면에 들깻가루와 김가루가 넉넉히 들어가 고소함이 극치를 이루는데 고기와 함께 먹어도 맛이 조화롭다. 새싹채소와 베이비채소, 토하젓을 넣어 비벼먹는 토하젓비빔밥은 담백하고, 한우고기를 넣어 진한 된장전골에 밥을 넣고 보글보글 끓여 먹는 한우된장술밥은 든든한 술안주이다.

돼지고기 가운데 한국인이 가장 선호하는 부위로 구성한 한돈특상구이한마리. 꽃처럼 아름다운 비주얼은 물론 오마카세 스타일로 즐길 수 있어 인기다.

소문난 초대박 장어집 맛의 비결
강나루숯불장어.

📍 인천광역시 강화군 길상면 해안남로 92-6　📞 032-886-0592
🍴 갯벌장어 5만9천원, 민물장어 5만4천원, 장어탕 1만4천원, 밴댕이회무침(中) 2만원
　오리훈제와 만두 1만6천원

인천 강화도는 갯벌 장어로 유명한 지역이다. 그 가운데 초지대교 인근에 위치한 강나루숯불장어는 주말은 물론 평일에도 자리가 없을 만큼 현지에서도 소문난 장어 맛집이다. 인기의 비결은 강화도 갯벌에서 각종 미네랄을 먹고 자란 장어 중에서도 사이즈가 큰 장어를 사용하는 점이다. 강화도 특산품인 갯벌 장어는 화이트 와인을 뿌려 숯불에 초벌한 다음 식탁에서 구워가며 먹을 수 있도록 했는데 입에 넣었을 때 꽉 차는 크기와 탄력 있는 식감, 깔끔하면서도 담백함을 배로 느낄 수 있다. 장어는 함께 나오는 함초 소금만 찍어 먹어도 담백하게 맛있다.

강나루숯불장어의 또 다른 인기 요인을 꼽으라면 단연 장어와 함께 곁들여 먹는 다양한 피클이다. 이곳 황명심 대표는 "우리 집 장어 맛의 포인트는 강원 양구에서 재배한 명이나물 등 지역의 다양한 재료를 사용해 직접 담근 피클을 곁들여서 먹는 것"이라고 말한다. 반찬은 차가운 성분의 장어를 보할 수 있는 인삼, 생강, 부추 등 따뜻한 성질의 식재료로 궁합을 맞췄다. 갓김치, 백김치, 순무김치 등 각종 김치는 직접 담그고, 직접 쑨 올방개묵, 강화도의 특산품 중 하나인 밴댕이회무침 등 정성이 가득한 한 상으로 고객들의 입맛을 사로잡았다. 장어구이를 올려 먹을 수 있도록 쥐어 낸 초밥은 이곳 장어를 즐기는 색다른 즐거움이다.

장어와 함께 나오는 죽은 장어 머리, 뼈를 고아서 인삼을 갈아 넣고 쑤는데 새우젓을 곁들여 먹으면 환상의 궁합을 자랑한다. 장어를 찍어 먹는 특제 소스는 당귀, 천궁, 엄나무, 계피 등 한약재 7~8가지와 장어 머리, 생강, 마늘, 양파를 넣어 만들어 장어의 비린 맛을 없애준다. 장어탕은 장어 뼈와 장어 머리 그리고 강원 양구의 펀치볼 시래기를 넣고 푹 끓여내 보양식으로 인기다.

올해 20주년을 맞이한 강나루숯불장어는 고객들로부터 "음식이 정갈하고, 정성이 담겨 있어 항상 대접받는 느낌이다"는 찬사를 받고 있다.

대한민국 명품맛집 123선 083

명품삼겹살, 한방수제갈비가 유명한 인천 검단 맛집
나무꾼이야기.

📍 인천광역시 서구 완정로 143   📞 032-565-3325
🍴 명품삼겹살 170g, 나무꾼오겹살 170g, 흑돼지오겹 170g, 흑돼지생목살 170g, 꼬들살 150g
  한방수제갈비 250g, 한우된장솥밥

국민 대표 외식 먹거리인 돼지고기로 승부하는 정통 숯불구이전문점 나무꾼이야기는 명품삼겹살과 한방수제갈비가 유명한 인천 검단 맛집이다. 태백산, 가현생고기, 태돈 등 고기 전문 브랜드를 운영하고 있는 TDS 다이닝의 브랜드로 한국식 BBQ 다이닝 전문 그룹을 꿈꾸는 육류 전문가 이동복 대표가 운영하는 업장 중 하나다.

이 대표는 '좋은 고기는 좋은 숯에 구워야 한다'는 철학을 바탕으로 참숯 직화구이의 맛을 제대로 느낄 수 있도록 모든 고기 브랜드 업장에 참숯 비장탄을 사용하고 있다. 또 참숯의 향을 최대한 많이 흡수할 수 있고 불의 세기를 조절할 수 있는 극세불판과 석쇠의 높이를 조절할 수 있는 화로를 고안, 맞춤 제작해 사용할 만큼 고기에 진심이다. 두툼한 육질의 명품삼겹살은 비장탄 참숯에 구워 육즙부터 가두고 먹기 좋게

잘라 돌려가며 굽는데 숯향이 은은하게 배고 겉은 바삭, 속은 촉촉해 고소하고 쫀쫀한 맛이 일품이다.

한방수제갈비는 한약재로 재워 잡내가 없고 과일소스로 단맛을 내 맛이 깊다. 구운 고기는 쌈채소, 무쌈에 싸서 고추장아찌, 마늘종장아찌, 모듬장아찌, 갓김치, 무쌈, 파절이 등 고기와 궁합을 이루는 깔끔한 곁들이 찬과 멜젓, 소금, 와사비 등 취향에 따라 찍어 먹으면 과연 명품이구나 하는 생각이 절로 든다.

서비스도 눈길을 끈다. 고기를 주문하면 찬과 함께 뜨끈한 선짓국이 제공되는데 이곳 단골들은 전문점보다 맛있다는 호평이다. 또 쫄깃한 돼지껍데기는 고소한 콩가루에, 가래떡은 꿀과 함께 먹을 수 있도록 해 서비스 메뉴라도 허투루 내지 않는다. 달걀 프라이와 김치전도 직접 해 먹을 수 있는 셀프 조리대가 있어 쏠쏠한 재미를 제공한다.

비장탄 참숯에 구워 숯향이 은은한 '겉바속촉' 명품삼겹살과 선지해장국, 돼지껍데기, 가래떡에 전까지 서비스도 명품이다.

인천 시민들의 추억의 맛집
메이드빈카페.

📍 인천광역시 미추홀구 주안로 104번길 24 📞 032-434-6020
🍴 매콤해물우동 1만2천원, 베이컨김치오믈렛 1만1500원, 쉬림프까르보나라 1만1500원
등심돈가스 1만1500원

인천 감성 카페로 유명한 메이드빈카페는 인천 시민들의 추억의 맛집이다. 모든 좌석이 프라이빗한 개별룸으로 구성된 이곳은 어릴 적에는 부모님과 함께 외식을 하러 왔다가 학창 시절에는 '풀 방구리에 쥐 드나들 듯' 방과 후 친구들과 수다를 떨었던 아지트이자 시험 기간에는 도서관 대신 친구들과 공부를 하기도 했던 장소로 유명하다. 카페지만 경양식집 스타일로 저렴한 가격에 식사와 음료까지 즐길 수 있는 데다 후식 음료는 1회에 한 해 리필이 가능한 것도 메리트다.

메뉴는 철판요리, 덮밥요리, 오븐요리, 우동, 오믈렛, 돈가스, 피자, 파스타, 카페 음료까지 다양하다. 대표메뉴는 매콤해물우동과 등심돈가스. 우동면과 각종 채소, 해물이 들어갔는데 마치 짬뽕처럼 얼큰한 국물은 해장템으로 많이 찾는다. 바삭하게 튀긴 등심돈가스는 감자튀김과 양배추샐러드, 밥이 한 플레이트에 제공되고, 베이컨과 김치, 양파 등 채소가 넉넉히 들어간 베이컨김치오믈렛, 녹진한 소스를 넉넉히 담아내는 카르보나라 파스타도 인기다. 후식으로 제공되는 음료는 아메리카노, 녹차, 홍차, 루이보스, 아이스티와 콜라, 사이다 중 선택할 수 있다. 그 외 음료는 종류에 따라 1천~3천원 추가 비용을 지불하면 변경이 가능하다.

코로나19로 사회적거리두기가 한창 일 때 시작한 배달은 추억의 맛집 메뉴를 집에서 손쉽게 맛볼 수 있어 서비스를 시작한 후 20대는 물론 50대에 이르기까지 반응이 꽤 좋다. 배달로 다시 메이드빈 카페의 음식을 접한 이들은 학창시절의 추억을 소환하며 다시 매장으로 발길을 이끄는 계기가 되고 있다.

지금은 보기 어려운 룸카페로 유명한 메이드빈은 인천 시민들의 추억의 맛집이다. 저렴한 가격에 식사와 음료까지 즐길 수 있어 주머니사정이 가벼운 학생들의 아지트로 유명하다.

맛의 설득이 필요 없는 지리산 흑돼지 '버크셔K'
태돈。

📍 인천광역시 서구 완정로133번길 2 📞 032-563-8592
🍴 박화춘의 지리산흑돈세트 500g, 지리산흑돈 삼겹살 160g, 지리산흑돈 목살 160g
   지리산흑돈 항정살 150g, 생마늘양념소고기

고깃집의 경쟁력은 뭐니뭐니해도 원육의 품질이다. 고기 자체의 품질이 좋으면 맛이 있을 수밖에 없다. 인천 검단지역에 위치한 태돈은 고기에 대한 자신감으로 돼지고기 구이에 대한 기준점을 높이고 있다. 태돈은 박화춘 박사가 개발한 순종 100%의 지리산 흑돈 '버크셔K'를 선보이고 있다. 해발 500m 청정산지의 깨끗하고 스트레스 없는 사육환경에서 자란 순종 버크셔만을 생산하는 국내 농장에서 키운 버크셔K는 일반 돈육과 확실히 차별화된다.
원육에 대한 자신감으로 선보인 '박화춘의 지리산 흑돈' 세트는 목살과 삼겹살, 항정살로 구성됐다. 지리산 흑돈은 고기의 근섬유가 가늘고 수가 많아 씹을 때 확실히 부드럽고, 육즙을 추출해서 성분을 비교해 보면 은은한 단맛을 내는 아미노산이 풍부하며, 근내 지방 비율이 높고 불포화지방산이 풍부해 고소하고 쫄깃하다.

큰 고깃집이라는 상호처럼 원육에 대한 근거 있는 자신감으로 선보인 태돈. 지리산 순종 흑돈 구이와 함께 하이볼을 즐길 수 있다.

고기는 커다란 불판에 올려 비장탄 참숯에 굽는데 연기를 흡수하는 연통에 조명을 달아놓아 고기가 맛있게 보이고, 식지 않도록 하는 기능을 동시에 한다.

최고의 고기 맛을 지향하는 만큼 기본 찬과 상차림도 정갈하다. 열무김치, 무생채, 쌈무, 마늘종장아찌, 명이장아찌, 파김치에 와인소금, 와사비, 갈치속젓 세 가지 소스와 명란젓 그리고 고사리, 도라지, 나물 절임이 제공된다. 개인 앞접시에 소스와 명란젓, 절임류를 조금씩 덜어놓고 고기가 구워지면 한점씩 가져와 다양한 소스 또는 찬을 곁들여 각각의 맛을 음미해보는 재미가 있다. 서비스로 제공되는 돼지껍데기는 돌돌 말아 칼국수처럼 썰어 제공해 또 다른 재미를 준다. 돼지고기와 감자가 듬뿍 들어가 이름처럼 빡빡하게 끓여 낸 돼지감자빡빡장, 달걀지단이 듬뿍 올려진 비빔국수와 열무 냉국수는 후식 식사로 안성맞춤이다.

지역민들의 원픽, 부드러운 최상급 한우의 풍부한 맛
태백산.

📍 인천광역시 서구 완정로 151　📞 032-567-3392
🍴 태백꽃등심 150g, 설화등심 150g, 한우황제갈비살 150g, 한우갈비살양념구이 200g, 산더미불고기
　점심특선(한우양념구이+냉면 or 솥밥)

'사랑하는 내 가족이 먹는다는 마음으로…'를 캐치프레이즈로 한 태백산은 2003년 인천 검단사거리에 오픈해 지역민들의 사랑을 받아 온 맛집이다. 쫄깃하고 부드러운 최상급 한우의 풍부한 맛을 즐길 수 있는 것은 물론 가족외식, 단체회식에 빠질 수 없는 수제돼지갈비와 한우갈비살양념구이, 꽃등심 등 한우를 합리적인 가격에 제공하고 있다. 고깃집의 미덕은 고기의 퀄리티인만큼 태백산은 1^{++} 한우만을 취급하고, 자체 육가공 CK도 운영해 고기를 부위별로 작업, 진공포장 후 도축 날짜 등을 꼼꼼히 기입하고 전용 냉장고에서 숙성해 사용하고 있다.

대표메뉴인 꽃등심과 황제갈비살은 마블링이 꽃처럼 퍼져있는 것은 물론 담음새도 꽃처럼 아름답다. 참숯 비장탄에 구워 함초 소금에 찍어 먹으면 부드러운 육질과 풍부한 육즙에 숯향까지 더해져 감칠맛이 입안에 맴돌며 여운이 남는다.

태백산은 건강한 육류 먹거리를 위해 반찬 하나에도 정성을 다한다. 3가지 종류의 장아찌와 흑임자소스샐러드, 묵사발, 열무김치 등 고기에 곁들이면 상큼한 구성이다. 식재료는 강원도 양구 시래기, 여수 돌산갓, 전북 부안 곰소 젓갈, 순창 고추장 등 산지에서 공급받아 사용하고 있다.

이곳은 고깃집이지만 '밥이 맛있는 고깃집'으로 차별화를 꾀하고 있다. 밥을 주문하면 1인용 솥밥에 누룽지와 된장찌개까지 제공한다. 갓 지어 따끈한 솥밥은 짭조름한 젓갈, 김치 등 아무 찬이나 함께 먹어도 만족도가 높다. 밥과 함께 먹을 수 있는 몬딱찌개도 인기다. 부드러운 순두부를 넣은 청국장찌개인데 고깃집의 강점인 소고기를 듬뿍 넣어 진한 감칠맛은 물론 부드러우면서 구수하다.

단독 건물에 주차장을 갖추고 있어 가족외식 및 회식하기에도 좋은 인천 검단의 대표적인 고깃집. 참숯 비장탄에 구워 먹는 한우황제갈비살이 인기다.

강원도 & 충청도.

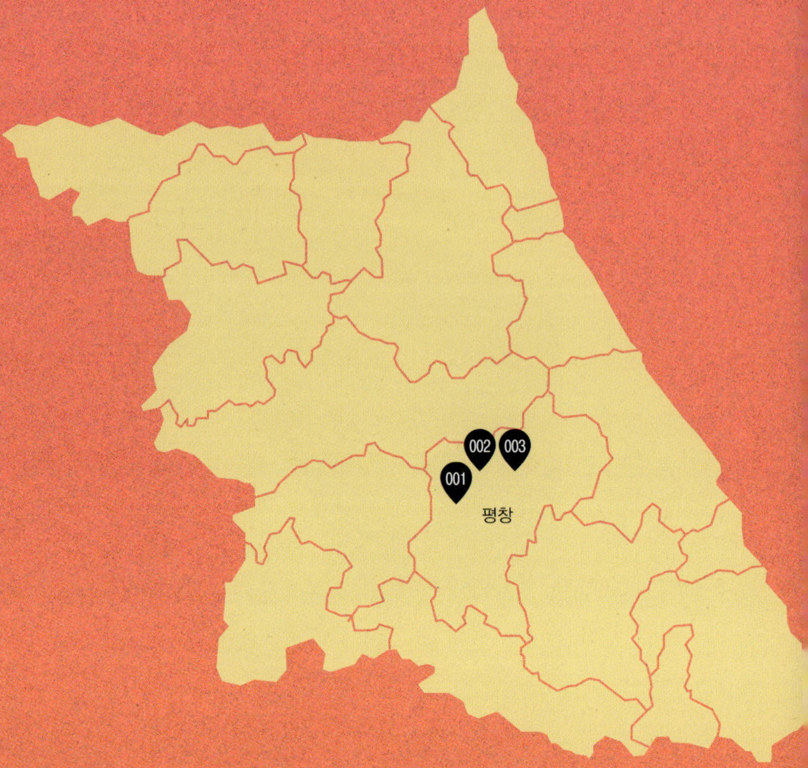

- 001 평창
- 002
- 003
- 004 대전
- 005 세종
- 006 제천
- 007 부여

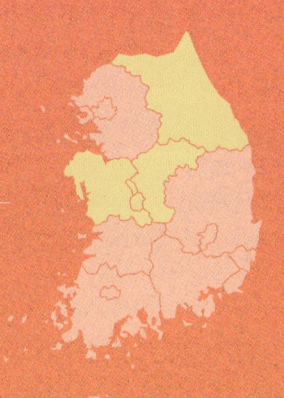

강원도
039 봉평미가연
040 월이메밀닭강정
041 흔들바위

충청도
042 더리스
043 만년한정담
044 뜰이있는집
045 서동한우

100% 메밀요리의 매력
봉평미가연.

📍 강원도 평창군 봉평면 기풍로 108   📞 033-335-8805
🍴 메밀싹육회 2만5천원, 이대팔100% 육회비빔국수 1만7천원, 이대팔100%메밀미가면 1만2천원
　 이대팔100%메밀 비빔국수 1만2천원, 메밀싹육회비빔밥 1만3천원, 메밀싹무침 1만2천원

봉평미가연은 메밀은 물론이고 감자와 오이, 무 등의 강원도 식재료를 활용한 건강식 상차림을 만날 수 있는 곳이다. 강원도 봉평에서만 25년의 역사를 가지고 있어 '봉평의 오봉순'이라고 하면 모르는 사람 없을 정도로 단골뿐만 아니라 외국인도 많이 찾아 평일 점심시간임에도 매장 안이 가득 찬다.

메뉴는 크게 식사류와 곁들임류로 나눠져 있다. 특히 육회비빔국수와 메밀싹육회, 메밀미가면, 그리고 메밀싹육회비빔밥이 인기다. 음식은 전체적으로 자극적이지 않고 깔끔하면서도 담백하다. 메뉴에 사용하는 메밀은 일반적으로 시중에서 많이 사용하는 단 메밀과 차나 약재에 많이 사용하는 쓴 메밀을 고른 비율로 섞어 직접 면을 뽑고 있다. 소고기는 평창 축협 대관령 한우만을 직송 받아 사용하고 있으며 상위에 차려지는 반찬, 음식에 들어가는 매실 원액 등은 모두 직접 담그고 조리한다.

봉평미가연은 단 메밀과 쓴 메밀을 혼합해 100%의 메밀 음식을 선보이고 있다.
자극적이지 않은 깔끔한 맛으로 건강식을 지향한다.

이처럼 건강과 정성 가득 들어간 음식들은 컬러감 풍부한 그릇과 접시에 담겨 나오는데 노란색 메밀싹, 붉은색 육회, 차분한 빛의 메밀면 등과 잘 어우러져 상차림을 보는 즐거움까지 더해준다. 메뉴명에 붙은 '이대팔'이라는 단어는 '일주일에 2번만 먹으면 팔팔해진다'는 의미로 그만큼 건강한 음식을 제공하고자 하는 다짐이다.
봉평미가연 오숙희 대표는 강원도 식재료, 그중에서도 메밀을 활용한 다양한 연구를 병행하고 있다. 미가연 메밀음식문화연구소를 함께 운영하며 한국과 일본의 메밀을 상세히 비교, 연구하기도 했다. '맛있는 곳에서 잔치를 한다'는 의미를 지닌 미가연의 매장 규모는 70평 내외. 주차장까지 마련돼있어 가족 단위로 방문하기 편하다.

속 편하고 부드러운 식감
월이메밀닭강정.

📍 강원도 평창군 봉평면 기풍3길 33   📞 033-335-1289
🍴 황태강정 보통맛 2만2천원, 메밀닭강정 보통맛 2만원, 메밀후라이드 1만8천원

치킨, 닭고기를 싫어하는 사람은 그리 많지 않다. '한입에 가볍게' 먹을 수 있는 닭강정도 마찬가지다. 전국에 수많은 닭강정전문점들이 있는데 월이메밀닭강정은 뭐 다른 게 있을까? 있다!

우선 월이메밀닭강정은 밀가루나 튀김가루가 아닌 쌀가루와 쓴 메밀가루를 사용한다. 때문에 먹고 난 후에도 속이 편안하다. 특히 쓴 메밀은 차나 약재에 많이 사용되는데 일반적으로 널리 알려진 단 메밀보다 루틴 함량이 50~70배 높아 고혈압과 당뇨병 예방에도 효과적이라고 한다. 곡류를 사용해 튀기기 때문에 시간이 지나도 튀김옷이 뻣뻣해지지 않으며 부드러운 식감을 낸다. 이곳에는 닭강정 외에 황태강정이 있는데 닭고기보다 부드럽고 소화가 잘돼 남녀노소 누구나 즐겨 찾는다.

월이메밀닭강정 황남월 대표는 9년 여의 공무원 생활을 마무리하고 2001년부터 외식업을 시작했다. 서양식 레스토랑, 돈가스전문점 등 여러 번의 시행착오 끝에 2008년부터 현재의 자리에서 닭강정전문점을 운영하고 있다. 대중적인 치킨 메뉴에 강원도 식재료를 다양하게 조합하기 위한 연구와 고민을 계속한 결과 선택한 강원도 식재료가 바로 봉평 메밀, 그리고 강원도 대관령의 황태다. 이처럼 강원도 식재료만의 특색이 가득 담긴 월이메밀닭강정으로 여타의 닭강정전문점들과 차별화 했다. 특히 황태강정은 메뉴 개발에만 1년 여의 시간이 투자됐고, 이러한 노력을 인정받아 대한민국신지식인협회의 신지식인으로 선정되기도 했다. 가장 많이 판매되는 메뉴는 메밀닭강정과 황태강정이며 테이크아웃으로 구매해가는 경우가 많다. 황태강정은 향후 러시아와 일본으로 수출할 계획이다.

강원도 대관령 황태로 만든 황태강정은 닭고기보다 더 부드러운 식감을 지녔다. 모든 닭강정 메뉴에는 쌀가루와 쓴 메밀가루를 사용해 먹고 난 후 속이 편하다.

강원도 자연이 가득한 건강 밥상
흔들바위.

📍 강원도 평창군 봉평면 태기로 1   📞 033-334-6788
🍴 흔들바위산채정식 2만3천원, 솔잎 고등어구이 1마리 1만원, 솔잎 간장게장 3마리 1만8천원
솔잎 양념게장 3마리 1만9천원, 더덕 막걸리 6천원

이곳엔 흔들바위산채정식 단 하나의 메뉴만 있다. 한 가지 메뉴만 있다는 건 그만큼 자신 있다는 얘기이자 식당의 모든 내공이 그 메뉴에만 집중되어 있다는 말도 된다. 흔들바위산채정식을 주문하면 15~20가지 반찬과 음식들이 한 상 가득 차려진다. 음식 개수만 많은 게 아니다. 허약체질과 중풍을 치료하는 가시오가피에서부터 비타민이 풍부한 당귀, 노화 방지를 위한 명이나물, 혈당을 조절해 주는 참두릅, 참나물, 곰취, 취나물, 청양고추, 상추, 파, 치커리 등 그야말로 자연의 영양분 가득한 건강 밥상을 만날 수 있다. 이외에 곤드레·시래기 막장 찌개, 황태 더덕구이, 밥식해, 도라지 고추장아찌, 감자떡, 그리고 여름엔 강황밥, 겨울엔 상황버섯밥까지 그저 바라보는 것만으로도 충분히 행복해지는 밥상이다.

흔들바위 손정란 대표는 이곳에서 태어나 이곳에서 자란 100% 봉평 사람이다. 2002년에 산채한정식을 아이템으로 한 식당을 오픈했다. 어릴 때부터 지천에 널린 산나물로 음식을 만들어 먹었던 탓에 나물 각각의 고유한 맛과 향, 성질들을 그대로 이해하고 그에 맞는 조리법으로 식재료 다루는 것이 익숙하다. 산채 나물로 조리해 내는 음식 조리법만 해도 100여 가지가 넘는다고. 식재료는 가족들이 3만 2000평 규모의 경작지에서 직접 농사지은 고춧가루와 여러 고랭지 작물을 받아 사용하고 있다.

솔잎즙으로 24시간 숙성해 냄새 없고 부드러운 솔잎 고등어구이와 명이나물 만두는 각각 2019년과 2021년에 특허를 받았다. 이처럼 꾸준한 메뉴 연구개발 노력을 인정받아 2021년 한국신지식인협회 중앙회로부터 신지식인 인증도 받았다. 매장은 50평 내외 규모, 방문 고객의 99%는 외지에서 찾아오는 단골 고객들이다.

건강에 좋은 산채 나물과 찌개, 구이, 여러 반찬까지 15~20가지
음식들이 한 상 가득 차려진다. 강원도 봉평에서만 만날 수 있는
식재료, 그리고 시간의 맛.

대청호를 배경으로 즐기는 브라질식 슈하스코
더리스.

📍 대전광역시 동구 냉천로 30   📞 042-283-9922
🍴 A코스 3만8천원, B코스 4만8천원, C코스 6만8천원, 키즈코스 3만원

대청호를 품에 안고 있는 대전의 명소 더리스는 뷰만큼이나 개성 있는 바비큐 메뉴를 선보이고 있어 지역민이라면 모르는 사람이 없을 정도나. 목동이 야외에서 먹던 음식을 브라질에서 체계화해 전 세계에서 인기를 얻고 있는 슈하스코가 메인 메뉴다. 브라질 현지의 맛과 분위기를 구현하기 위해 구이 기계를 직접 수입하고 브라질 직원을 고용해 외국에서 먹는 것과 같은 재미를 구현했다.

슈하스코는 맹그로브 나무로 만든 숯에 다양한 부위의 고기를 구워 아르헨티나 천연 호수염으로 간을 했다. 메뉴는 코스별로 소시지, 닭고기, 설도살, 돼지갈비, 소등심(삐까냐), 양념토시살 등 9~11가지 메뉴를 식탁에서 직접 썰어주기 때문에 특별한 날 외식으로도 최고다. 이와 함께 수프부터 채소, 튀김, 디저트까지 30여 가지로 구성된 샐러드바도 함께 이용할 수 있어 남녀노소 누구에게나 만족도가 높다.

더리스는 호텔 예식 못지않은 야외 결혼식 장소로 인기가 높다. 봄, 가을에는 예식 예약이 꽉 찰 정도로 대전뿐만 아니라 전국 각 지역에서 오기도 한다.

더리스는 2009년 슈하스코를 전문으로 하는 테라베오를 오픈하고, 2018년 공간을 증축하면서 르 카페를 함께 운영하고 있다. 더리스는 원래 이 대표의 가족이 살았던 주택 자리였지만 아름다운 대청호를 누구나 즐기며 추억을 남길 수 있게 하자는 생각에 레스토랑과 카페를 오픈해 많은 사람들과 공유하고 있다.

탁 트인 대청호 뷰에 아름다운 정원이 있는 더리스는 데이트 장소뿐만 아니라 가족 외식, 각종 모임, 연회 등 어떤 경우에도 잘 어울리며, 우리나라의 중심부에 있고 세종시와 가까워 전국적인 모임을 하기에 적합하다. 또한 대청호 오백리길이 지나는 곳에 위치해 식사 전후 산책이나 트래킹을 즐기기에도 좋다. 이성수 대표는 1억 원 이상 기부한 아너소사이어티 클럽활동 등 다양한 봉사에도 열심이다.

겉보리로 저온 숙성한 진짜 보리굴비 맛집
만년한정담.

📍 세종특별자치시 금남면 발산1길 35　　📞 044-866-6277

🍴 명인 보리굴비 귀한 손님상 4만7천원, 만년 양념보리굴비 한상 2만9천원, 만년 보리굴비 한상 2만7천원, 만년 석갈비 한상 2만1천원, 영산포식 홍어삼합 4만5천원, 활력 전복구이 4만5천원

숙성 보리굴비와 석갈비를 전문으로 하는 만년한정담은 2020년에 오픈한 대전본점과 2023년에 오픈한 세종점 두 곳이 있다. 세종점은 건물을 통째로 쓰기 때문에 넓은 주차장과 홀 위주인 2층, 룸 위주인 3층이 있어 개인 고객부터 단체 고객까지 여유 있게 식사를 즐길 수 있다. 만년한정담 이전에 매장을 운영할 때부터 보리굴비만 10년 이상 취급해왔던 박일운 대표는 이름만 보리굴비가 아닌 겉보리를 이용한 저온 숙성 방식의 보리굴비를 선보이고 있다. 기존 방식은 냄새가 심하기 때문에 이를 현대적으로 개선한 숙성 방법을 고안한 것. 매장 한켠에 있는 숙성고에는 보리굴비가 가득한데, 4~6일 동안 숙성을 거쳐 최적의 맛을 낸 보리굴비는 포장 판매도 해 선물용으로인기다.

숙성 보리굴비도 맛있지만 또다른 대표 메뉴인 석갈비와 홍어삼합, 전복구이 등도 사이드 메뉴로 추천한다. 신선한 재료와 능숙한 셰프의 손맛으로 차린 상차림은 보기만 해도 넉넉함과 감칠맛이 느껴진다. 양념과 반찬에도 많은 연구를 해 보리굴비 전용 복숭아 고추장, 70년 된 씨간장으로 만든 유장 등은 요리를 한층 더 깊게 만든다.

정성을 들인 요리는 유기그릇, 작가의 그릇 등 품격 있는 그릇에 담아내고 있다. 음식에 어울리는 그릇에 담는 것은 고객의 만족도와 함께 요리의 가치를 더 높일 수 있기 때문이다. 음식 맛만큼 중요한 것이 서비스라고 생각하는 박 대표는 고객과 직접 대면하는 직원교육도 직접 챙기고 있다. 이를 바탕으로 두 개의 매장이 모두 안정적으로 자리 잡은 뒤에는 칼국수를 메인 메뉴로 한 두 번째 브랜드를 만들어 만년한정담과 함께 한식의 폭넓은 매력을 알리고 싶다고 밝혔다.

보리굴비와 석갈비, 홍어삼합에 돌솥밥, 된장찌개까지 부족함 없는 한 상을 제공하고 있는 만년한정담.

부모님께 맛난 밥 대접하고 효도하세요
뜰이있는집.

📍 충청북도 제천시 하소천길 176   📞 043-643-8585
🍴 황기해물모듬장한상 3만9천원, 법성포황기보리굴비한상 3만원, 해남식꼬막한상 2만3천원
    제주산황게간장게장 2만8천원, 제주산황게양념게장 2만9천원

입구를 들어서자마자 '저희 집은 밥맛 하나는 끝내줍니다'라는 문구가 인상적이다. 간결하고 깔끔한 한식 상차림을 내주는 뜰이있는집 강경임 대표는 "일단 한정식은 밥이 맛있어야 한다. 우리 집은 제천의 지역 농산물로 상차림을 하고 있다. 갓 도정한 제천의 쌀을 사용하다보니 밥이 맛있을 수밖에 없다"고 말한다.

밥만 맛있는 것이 아니다. 재료 본연의 맛을 살린 메뉴들은 모두 감칠맛이 우러난다. 대표 메뉴인 황기해물모듬장은 새우장, 전복장, 게장, 연어장, 소라장, 가리비장, 꼬막장 등을 커다란 놋그릇에 푸짐하게 차려내 보는 것만으로도 입안에 군침이 돈다. 각각의 장은 따로 만들어 해산물 본연의 맛과 풍미를 살렸다. 또 다른 인기 메뉴인 법성포황기보리굴비 역시 산지에서 최고의 상품으로만 직송하고 있는데, 진한 녹차와 함께 먹는 보리굴비는 별미 중의 별미다.

'음식은 손맛보다 재료의 맛'이라는 철학을 가지고 있는 강 대표는 무엇보다 재료에 많은 신경을 쓴다. 황기의 경우도 5년산 황기만을 고집하고 있는데 깊은 단맛과 약성이 음식의 격을 높여준다. 각종 소스는 모두 직접 만들어서 사용하고, 고춧가루부터 참기름도 매주 방앗간을 찾아 직접 짜서 사용한다. 재료가 좋고 양념이 좋으니 음식 맛은 말해 무엇 하랴.

지금까지 영업을 해오며 단 한 번도 음식에 대한 고객들의 불평과 불만이 없었다고 전하는 강 대표는 "병원에서 입맛을 잃어가는 부모님을 모시고 와서 맛있게 드시는 모습을 지켜보는 자녀들이 많다. 밥맛 좋은 집을 넘어 음식으로 효도하는 집이 되고 싶다"고 전한다. 주인장의 진심이 오롯이 담긴 맛으로 엮어가는 한상차림, 단순한 식사가 아닌 여운이 남고 마음이 든든해지는 현대식 한식 상차림을 만날 수 있는 곳이다.

음식은 손맛이 아니다. 재료의 맛이다.
신선한 제천 지역 농산물과 산지 최고의 해산물을 직송해 음식을 만든다.
각종 양념은 물론 해물 양념장도 직접 만든다.

투뿔 생고기보다 맛있는 건조숙성 한우
서동한우.

- 충청남도 부여군 부여읍 성왕로 256
- 041-835-7585
- 서동명작(에이징 한우 중 상위 1%) 150g 9만9천원, 서동명품(에이징 한우 중 상위 5%) 150g 4만8천원
  서동건조숙성 등심&채끝 150g 3만9천원, 서동티본스테이크 100g 2만5천원

서동한우는 1997년에 오픈해 특수부위인 갈빗살 위주로 판매하다 2009년 우리나라에서는 최초로 드라이에이징(건조숙성) 기술을 개발해 드라이에이징 한우전문점으로 자리 잡았다. 드라이에이징을 하면 고기가 가진 단백질의 고소한 맛, 즉 글루탐산이 15배나 증가해 더 맛있게 먹을 수 있다. 등심, 채끝, 안심, 티본, 본인립아이(토마호크) 등 그냥 먹어도 맛있는 한우를 50~120일 가량 드라이에이징해 가장 부드럽고 맛있는 상태로 즐길 수 있는 특별한 미식 경험을 제공한다.

한우를 드라이에이징해 수율이 낮지만 서동한우 메뉴 가격은 매우 착하다. 그 이유는 높은 등급이 아닌 2등급 고기를 사용하기 때문이다. 그러나 등급은 마블링 기준일 뿐 맛을 구분하는 기준이 아니기 때문에 서동한우의 유인신 대표는 2등급 고기를 드라이에이징을 통해 가장 맛있는 고기로 선보인다는 자부심이 높다. 드라이에이징한 한

서동한우는 드라이에이징 메뉴가 좀 더 대중화되면 숙성한우전문 브랜드를 론칭해 몸에 좋고 가장 맛있는 숙성 한우를 많은 소비자들에게 제공할 계획이다.

우의 고소함은 사람마다 다르게 느끼는데, 보통은 견과류나 치즈 등을 떠올리기도 한다. 소화가 잘되기 때문에 많이 먹어도 속이 더부룩하지 않다는 장점도 있다.
독보적인 드라이에이징 기술을 가지고 있다 보니 방송사의 요청으로 다수의 프로그램에 출연한 덕분에 서동한우는 부여가 아닌 전국 맛집으로 자리매김했다. 실제로 방문객의 60%는 타지역에서 일부러 찾아온 고객이다. 서동한우 본점에서는 드라이에이징 한우가 메인 메뉴지만, 직영매장인 서동한우 규암점에서는 드라이에이징 삼겹살을 맛볼 수 있다. "우리나라는 한우를 등급으로 평가하는데 앞으로는 건강과 맛으로 평가하는 시대를 기대하고 있다"고 말하는 유 대표. 건강한 한우를 기르기 위해 직접 농장을 운영하고, 별도의 숙성실을 갖추는 등 최고의 품질을 제공하기 위한 그의 노력은 계속되고 있다.

대구광역시 & 경상북도.

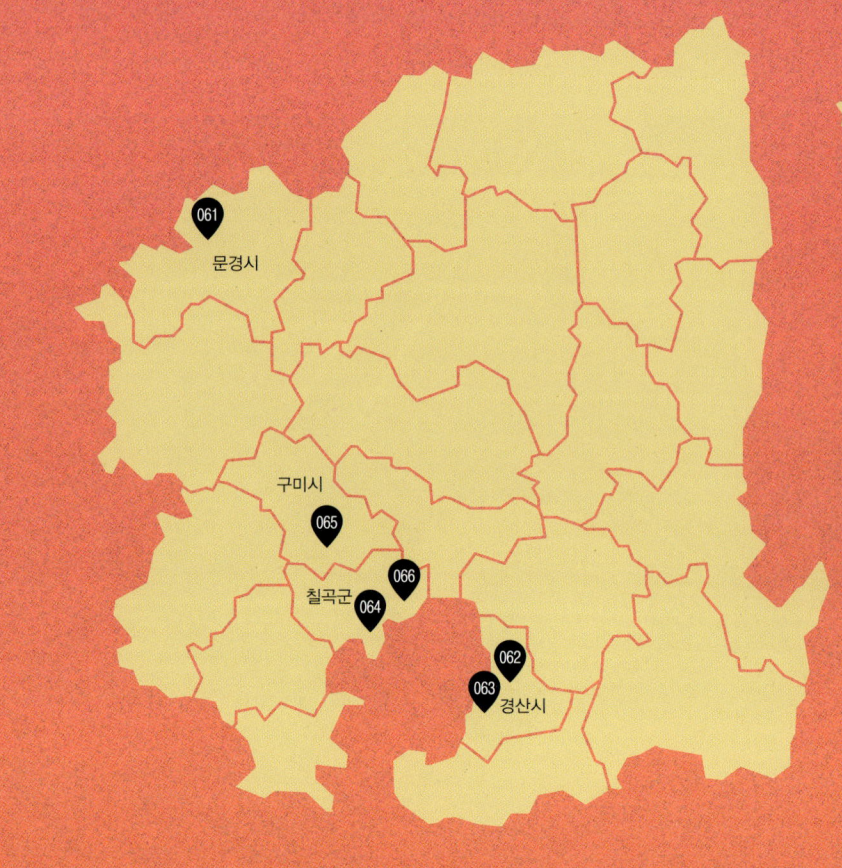

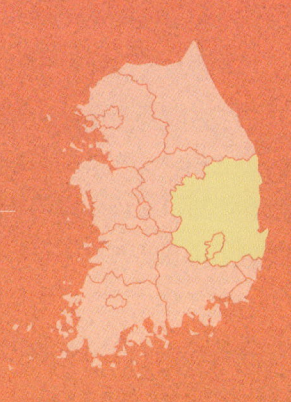

대구광역시

- **046** 갈비둥지
- **047** 고향차밭골
- **048** 국일생갈비
- **049** 김태희옛날손국수
- **050** 녹야원
- **051** 돈모닝
- **052** 연화정
- **053** 용지봉
- **054** 일오장어탕칼국수
- **055** 일월정흑마늘독계탕
- **056** 정강희두부마을
- **057** 큰나무집궁중약백숙
- **058** 푸른회식당
- **059** 한식다이닝 륜
- **060** 해금강

경상북도

- **061** 라오미자연밥상
- **062** 복어세상
- **063** 복어잡는 사람들
- **064** 여물통
- **065** 팔팔순두부
- **066** 해밥달밥

육류 전문가의 흑돼지 갈비와 소고기 오마카세
갈비둥지.

📍 대구광역시 달서구 대명천로 198　📞 053-593-5288
🍴 제주흑돼지갈비 1만1천원, 황제소갈비살 1만3천원, 둥지갈비세트(小) 5만8천원
　둥지오마카세 세트(小) 5만8천원

갈비둥지는 중소벤처기업부가 인증한 '백년가게'에 선정될 만큼 오랜 세월 대구시민들의 사랑을 받아온 갈비전문점이다. 이곳 나호섭 대표의 30년 이상 육류 유통 경력과 육가공 공장 운영을 토대로 최상급 원육을 합리적인 가격에 제공하는 것이 장수 인기 비결이다. 제주흑돼지갈비는 전통 비법 소스로 맛을 내 1997년부터 현재까지 인기 있는 메뉴다. 최근 이곳은 신메뉴 출시로 새롭게 주목을 받고 있다. 가업을 이어 갈비둥지 운영에 나선 아들 나재욱 씨가 개발한 오마카세 세트가 젊은 세대의 마음을 사로잡고 있는 것. 기존 인기 메뉴인 흑돼지갈비, 소생갈비, 황제소갈비살을 골고루 맛볼 수 있는 '둥지갈비세트'와 함께 갈비본살, 안창살, 소꼬리, 늑간살, 항정살, 닭목살 등 다양한 원육을 야키니쿠 스타일로 즐길 수 있는 '둥지오마카세세트'를 선보여 돌풍을 일으켰다. 특히 둥지오마카세는 업그레이드한 비법 소스를 발라 즉석양념갈비 구이를 경험할 수 있어 매력적이다. 세트에는 한우육회, 한우소꼬리찜, 한우탕, 구이채소가 함께 구성돼 있어 더욱 푸짐하게 즐길 수 있다.
담음새도 예사롭지 않다. 갈비둥지 건물 모양인 버섯집이 연상되는 소품을 활용해 한국다움과 브랜드 정체성은 물론 SNS용급 비주얼로 카메라 세례를 받고 있다. 갈비둥지가 기존에는 노포로 인식돼 중장년층 단골이 많았다면, SNS를 통해 소고기 오마카세 핫플레이스로 입소문 타며 젊은 고객층이 유입하고 있다.
나호섭 대표는 "질 좋은 원육을 최우선으로 하며 신선도 유지에 최선을 다한다. 당일 공급받은 고기는 당일 소진을 위해 한정 수량으로 판매하고 있다"고 말한다. 나재욱 씨는 "좋은 고기를 합리적인 가격에 제공하기 위해 노력하는 정신과 비법을 전수받아 명성을 이어가고 싶다"고 밝혔다.

최상급 원육을 착한 가격에 만날 수 있어 사랑받아 온 갈비둥지. 최근 다양한 원육을 야키니쿠로 즐길 수 있는 오마카세 세트를 출시해 신선한 돌풍을 일으키고 있다.

투박한 경상도 한 상의 특별함
고향차밭골.

📍 대구광역시 동구 팔공산로 339   📞 053-981-5883
🍴 차밭골정식 1만9천원, 수육한접시 2만원, 차밭골보쌈한접시 2만5천원

대구 팔공산 인근에 위치한 고향차밭골은 제철 식재료를 활용한 경상도 토속한식전문점이다. 메뉴는 차밭골정식과 수육한접시, 차밭골보쌈한접시가 전부다. 정식에는 아롱사태 수육과 잡채, 머위·호박잎 등 제철 쌈, 각종 나물을 비롯해 두부조림, 우엉조림, 멸치조림, 고구마줄기볶음 등 경상도 여느 집에서 으레 먹던 반찬과 고등어조림에 시래기된장국이 한 상으로 나온다. 양념과 향신료가 식재료 고유의 향과 맛을 막 아버리면 안 된다는 김순옥 대표의 철학에 따라 향이나 맛도 강하지 않다. 그중에서도 가장 투박한 시래기된장국의 인기가 가장 좋다.

차밭골정식은 '2018년 문화체육관광부 우수문화상품' 한식 부문에도 선정됐다. 맛과 건강을 동시에 만족시키기 위해 신토불이 제철 식재료를 사용하는 것은 물론, 자연 그대로의 맛과 향을 살리기 위해 효소를 연구해 직접 담근 발효 청으로 차밭골만의 한식 소스를 개발해 맛을 낸 것이 주효했다. 고향차밭골은 모든 식자재를 직접 다듬고, 담그고, 만들어 힘들더라도 전통방식을 고집한다. 매일 아침 조리한 반찬에서 진정한 한식의 맛을 느낄 수 있다. 고향차밭골 곳곳에는 전통문화가 녹아있다. 상차림에는 제22호 김선익 무형문화재의 놋그릇과 놋수저를 사용해 분위기를 완성한다. 또한 매듭 공예가인 김 대표의 매듭작품들과 장독대, 옹기, 뒤주나 뒷박, 베갯모 등 곳곳에 한국 문화의 정취가 가득하다.

고향차밭골의 기틀을 잡은 김 대표의 뒤를 이어 2012년부터 아들 권기남 대표가 주방을 맡아 함께 운영하고 있다. 그는 '가장 한국적인 것이 가장 세계적인 것'이라는 자부심으로 고향차밭골의 전통성을 이어 가면서 고객과 소통을 통해 발전을 꾀하고 있다.

고향차밭골을 방문한 고객이라면 으레 반찬을 서 너 개씩 구매해 간다. 매일 아침 직접 만들어 판매하는 각종 반찬류는 점심시간이 끝나면 거의 동이 날 만큼 인기가 높다.

비교 불가능한 48년 전통 생갈비전문점
국일생갈비.

📍 대구광역시 중구 국채보상로 492　☎ 053-254-5115
🍴 한우 특생갈비 4만5천원, 한우 생갈비 3만2천원, 한우 안창살 3만8천원, 한우 육개장 1만2천원
　한우 갈비뼈탕 1만2천원

대구 시민이라면 한번은 가봤을 정도로 유명한 국일생갈비는 48년 전통의 생갈비전문점으로 암소 한우 1등급만을 선보이는 곳이다. 뼈째 붙은 생갈비 숯불구이는 오랫동안 국일생갈비를 상징하는 시그니처다. 생갈비는 발골 작업부터 구웠을 때 육즙이 빠져나가지 않도록 일일이 손으로 다이아몬드 칼집을 내서 제공하는데, 숙련된 전문가가 매장 입구에서 직접 작업하는 모습은 색다른 볼거리는 물론 신뢰를 준다.
생갈비는 참숯불에 직화로 구워 명이나물, 절인 배추, 다시마, 쌈채소 등 취향대로 함께 먹으면 된다. 갈비를 먹고 난 후에는 공깃밥과 함께 된장찌개를 추천한다. 직접 담근 재래식 된장에 갈비뼈와 차돌박이를 듬뿍 넣고 끓여 구수한 감칠맛이 일품이다. 양념갈비는 생갈비와 똑같은 것을 사용해 퀄리티가 높아 미리 양념에 재우지 않고 즉석에서 양념만 입혀 내는데 한우 암소 특유의 고소하면서도 달큰하고 부드러운 맛이 다

른 고기와는 비교조차 할 수 없다는 것이 고객들의 반응이다.

한우불고기, 한우육개장, 한우갈비뼈탕은 갈비 작업 후 상품 가치가 떨어지는 파지육을 듬뿍 넣어 줘 가성비 높은 메뉴로 입소문이 났다. 특히 육개장과 곰탕은 테이크아웃으로 판매하고 있는데 식사 후 따로 포장해 가거나 일부러 매장에 와서 테이크아웃 해 가는 고객들도 많다.

대구에서는 가장 비싼 고깃집이자 외식할 때 가장 가고 싶은 식당으로 손꼽히는 이곳은 단독 3층 건물을 사용하고 있는데, 최근 근처에 13개의 룸을 갖추고 예약제로만 운영하는 한옥 스타일의 별관을 오픈했다. 본관은 서이택 대표가, 별관은 딸이 운영을 맡아 100년을 잇는 식당으로 대구 시민들의 식도락은 물론 대구의 자부심이 되겠다는 포부다.

1975년 오픈한 이후 높은 품질의 한우와 무르익은 손맛, 정성으로 대구 시민들에게 사랑받는 한우명가.

최고급 재료 가득 최고의 손맛 가득
김태희옛날손국수.

📍 대구광역시 달성군 옥포읍 옥포로 597   📞 053-616-0765
🍴 손칼국수 7천원, 칼제비 8천원, 얼큰해물칼국수·해물칼국수 9천원(2인분 이상 주문), 파전 1만원
　수육 小 1만4천원·大 3만원

1998년에 시작해 현재까지 한자리에서 운영하고 있는 김태희옛날손국수는 상호처럼 손칼국수와 얼큰해물칼국수가 대표메뉴다. 이곳 김태희 대표가 시할머니로부터 칼국수 비법을 전수받아 실력을 키운 후 가장 자신 있는 음식으로 창업까지 하게 됐다. 오픈한 지 6개월 만에 자리를 잡아 연일 만석을 기록했고, 2016년 6월에 리모델링을 한 후 더 깔끔하고 아늑한 공간에서 고객을 맞이하고 있다.

김태희옛날손국수 맛의 비결 첫 번째는 바로 면이다. 가격과 상관없이 언제나 1등급 밀가루만을 사용하고 있다. 특히 면은 밀가루와 콩가루를 적정 비율로 섞어 소화가 잘된다는 것도 30년 가까이 롱런하고 있는 비결 중 하나다. 두 번째는 반죽에서 면을 뽑을 때까지 다양한 노하우로 가장 맛있는 면발을 만들어낸다는 것이다. 또 칼국수에 고명으로 올리는 김, 얼갈이배추, 쪽파 등 여러 가지 재료를 직접 다듬고 조리해 특별한 손맛을 유지하고 있다. 칼국수 외에 해물파전, 보쌈도 인기다.

김 대표는 음식을 만들 때 가장 중요한 것을 정성이라고 말한다. 그래서 요리할 때는 물론 담아낼 때 내갈 때도 온 정성을 다하고 있다. 어려운 사람들을 위해서도 40년째 기부 중이다. 고객으로부터 얻은 수익의 일부를 세상에 전하면서 더 좋은 영향을 주었으면 하는 바람 때문이다. 지금도 많은 고객들이 찾고 있지만 더 맛있는 메뉴를 만들기 위해 노력을 아끼지 않고 있는 김태희옛날손국수는 2019년 밀키트를 만들어 좋은 반응을 얻으며 매장과 온라인에서 꾸준하게 판매되고 있다. 일부러 찾아와 주는 모든 고객들에게 감사한 마음으로 앞으로 더 맛있고 더 건강한 음식으로 매장을 이끌어나갈 예정이다.

가장 좋은 식재료로 최고의 정성을 다해 만든 칼국수 한 그릇으로
고객들을 행복하게 하는 김태희옛날손국수.

대한민국 명품맛집 123선 117

30년 차(茶) 장인의 보이차로 우려낸 한정식
녹야원.

📍 대구광역시 북구 동암로 128-10   📞 053-314-6686
🍴 보리굴비정식 2만8천원, 보리굴비수라상 3만9천원, 녹야원정식 2만원

대구 칠곡 3지구에 위치한 녹야원은 보이차로 숙성시킨 연잎 보리굴비를 즐길 수 있는 한정식전문점이다. 직접 담근 보이된장과 보이간장으로 맛을 낸 요리들은 저염에 조미료가 들어있지 않아 건강과 관리에 관심이 높은 헬시플레저들에게 사랑받고 있다. 연잎 보리굴비는 30일간 해풍에 말려 보리 항아리에 숙성시킨 다음 대구 연잎과 자연발효 보이차로 2차 숙성해 보리굴비의 짠맛과 비린 냄새가 나지 않고 보리굴비살이 쫀득하면서도 촉촉하고 부드럽다.

대표메뉴는 보리굴비수라상과 보리굴비 정식으로 대구연잎 숙성보리굴비와 함께 연근샐러드, 대구연잎밥, 보이된장 등과 갖가지 제철 식재료로 만든 반찬들이 올라온다. 녹야원은 모든 요리는 보이된장과 보이간장으로 간을 맞추는데, 적정한 온도에서 2년 넘게 숙성시킨 보이된장은 일반 된장보다 염도가 낮고 깊은 맛이 난다. 보이된장으로 끓인 찌개는 냄새가 나지 않아 어린아이들도 즐겨 찾는다.

30년 차 장인이 보이차로 담근 보이된장과 보이간장으로 맛을 낸 저염 요리는 건강을 챙기는 헬시플레저들의 관심을 받고 있다.

체질 개선에 도움을 주는 보이된장은 분말화시켜 마시는 차로 개발해 보이된장, 보이간장과 함께 매장과 네이버 스마트스토어에서 판매하고 있다.

30여 년간 쌓아온 차(茶) 전문 지식에 한식을 접목해 건강하고 맛있는 밥상을 완성시키고 있는 김채완 대표는 "고객이 녹야원 요리를 먹고 행복해하는 모습을 볼 때 가장 보람차다"며 "건강한 식재료를 사용해 만든 음식은 단순한 음식을 넘어 천연약이기에 조선팔도에서 최고의 식재료들을 찾아 가족을 생각하는 엄마의 정성으로 몸과 마음을 살리는 힐링 한정식을 만들고 싶다"고 말한다.

활발한 SNS 활동으로 고객들과 소통하고 연요리와 건강한 한식의 중요성을 전파하고 있는 그는 곧 해인사 근처 자연이 함께 있는 곳에 새로운 모습으로 2호점을 오픈할 예정이다.

대구에서 만난 고퀄리티 제주흑돼지
돈모닝.

📍 대구광역시 수성구 수성로14길 12   📞 053-752-0007
🍴 제주흑돼지오겹살 120g 1만4천원, 제주한상세트 10만5천원

대구 수성못 인근에 위치한 돈모닝은 제주 오리지널 흑돼지맛을 전하고 있는 제주흑돼지전문점이다. 제주흑돼지는 항공편으로 특송 받아 7일간 전용 숙성고에서 저온 숙성을 거쳐 진공 포장해 보관 및 판매한다. 특히 청정지역 제주의 좋은 환경에서 자란 흑돼지오겹살은 육질이 단단하고 기름이 고소해 맛과 풍미가 일품이다.

인기 메뉴 제주한상세트는 오겹살, 목살, 갈매기살, 뽈살과 함께 항암송이버섯, 활전복, 가리비관자, 버터계란밥으로 구성돼 있어 제주의 고기와 해물을 골고루 즐길 수 있다. 돈모닝은 흑돼지 외에도 당일 도정한 쌀로 즉석에서 짓는 즉석 치자 솥밥부터 직접 담근 시원한 열무김치, 수제 단호박식혜, 친환경 유기농 채소, 직접 담근 된장, 김치, 장아찌 등 한정식 식당을 운영했던 변향숙 대표의 손맛과 정성이 가득한 반찬도 인기다. 고객들의 요청으로 고품질의 제주흑돼지 원육을 비롯해 된장찌개, 돼지찌개, 김치찌개 등 이곳 인기 메뉴는 밀키트로 만들어 포장 판매하고 있다.

돈모닝은 구석구석에서 고객을 위한 센스 넘치는 배려를 찾을 수 있어 매력적이다. 고기 냄새가 밸 수 있는 옷을 위한 에어드레서와 옷과 가방 등을 보관할 수 있는 캐비넷, 테이블마다 매달아 놓은 추억의 냅킨 티슈 등이 눈길을 사로잡는다. 더불어 매일 마감 청소 외에 1년에 한 번씩 청소대행업체에 대청소를 맡겨 찌든 때를 벗겨내며 청결함을 유지하고 있다.

고기의 맛만큼은 자신 있다는 변 대표는 "일단 와서 돈모닝 고기 맛을 보면 단골이 된다. 원육의 품질, 좋은 재료, 청결, 분위기, 서비스 모든 부분에서 고객들의 기대에 충족하기 위해 항상 노력하고 있다"며 배움과 실천을 통해 발전해 나아가 대한민국 1등 고깃집을 꿈꾸고 있다.

청정지역 제주의 좋은 환경에서 자란 품질 좋은 흑돼지를 즉석 솥밥, 직접 담근 열무김치 등 맛깔스런 밑반찬과 함께 즐길 수 있다.

여름엔 삼계탕, 겨울엔 굴국밥
연화정.

📍 대구광역시 북구 유통단지로8길 21-19   📞 053-384-9982
🍴 연화정삼계탕 1만6천원, 상황버섯삼계탕 1만9천원, 전복삼계탕 2만2천원
  굴국밥 1만원, 매생이굴국밥 1만2천원

연화정은 대구전시컨벤션센터 엑스코 인근 유통단지에서 삼계탕과 굴국밥으로 20년 넘게 사랑받고 있는 터줏대감이다. 녹두로 육수를 내 시원하면서도 전통 삼계탕 본연의 맛에 충실한 연화정만의 삼계탕, 채수와 바지락으로 감칠맛과 시원함을 살린 굴국밥은 엑스코를 찾는 고객들과 주민들을 단골로 만든 승부사들이다.

인기메뉴는 기본 삼계탕과 상황버섯이 들어간 삼계탕, 그리고 전복이 2개 들어간 전복삼계탕도 가성비가 높다는 평이다. 특히 매생이 굴국밥은 계절과 상관없이 고객이 찾는 별미다. 삼계탕은 여름 보양식이라는 인식이 강해 성수기와 비수기가 나뉘는 메뉴의 한계를 굴국밥으로 보완했다. 대구는 고디탕이라 불리는 다슬기탕을 주로 취급하는데, 이와 차별화를 두기 위해 선택한 굴국밥이 오히려 큰 사랑을 받고 있다.

연화정은 삼계탕이 메인이지만 매생이 굴국밥만을 위해 찾아오는 고객도 많다. 일주일에 2~3번씩 오는 단골뿐만 아니라 엑스코 참가업체 관계자들이 찾아오는 맛집으로 입소문 나 서울·경기지역에서 엑스코 참가차 내려온 관계자들은 식사 후 포장해 가는 고객들도 많다고. 이에 매생이굴국을 밀키트로 제작해 '미다온가' 브랜드로 테이크아웃은 물론 네이버 스마트스토어에서 판매하고 있다.

연화정의 모든 식재료는 100% 국내산 냉장 닭, 국산 안계쌀 등 최고급 국내산만을 사용한다. 좋은 재료가 좋은 맛을 낸다는 신념에서 비롯된 고집이다. 식재료는 농수산물 경매장에서 가장 좋은 상품으로 납품받고 있다. 탕의 육수 및 반찬 등 모든 요리에 미네랄수 방식의 정수기를 이용해 물에 차별화를 뒀다.

20년 동안 사랑받고 있는 삼계탕은 물론 계절 특선으로 선보인 매생이굴국밥도 사계절 사랑받는 연화정의 대표 메뉴로 자리매김해 밀키트로도 생산 판매되고 있다.

500년 역사의 대구경북지역 반가 내림 한정식
용지봉.

📍 대구광역시 수성구 들안로 9　📞 053-783-8558
🍴 반가한정식 5만원, 용지봉코스 7만원, 아름다운대첩 7만원

　용지봉은 대구경북지역의 반가 내림 음식을 근간으로 한 정통 한정식 차림을 즐길 수 있는 한정식 명소로 대구 수성구 들안길의 랜드마크다. 1998년에 개점해 상견례와 같은 중요한 자리, 예를 갖춰야 하는 만남의 장소로 자리 잡은 이곳은 변미자 대표가 한식대첩4에서 최종 우승하며 브랜드 가치가 더욱 높아졌다. 수운잡방과 음식디미방, 시의전서 등 고조리서 연구로 500년 역사의 전통 반가음식을 현대적으로 재해석한 용지봉은 30여년 이상 연구해 숙성한 향토 발효음식으로 맛을 낸다. 변 대표는 용지봉의 맛에서 가장 중요한 핵심으로 어육장을 꼽았다. 어육장은 소고기, 닭고기, 꿩고기, 생선 등을 메주와 함께 버무려 담근 장으로 3년 이상 발효해야 비로소 상에 오를 만큼 옛날 궁중에서도 사용한 귀한 장이다.
　가장 인기 있는 코스는 '용지봉코스'와 '반가한정식'이다. 용지봉코스는 명품한우 숯불구이와 함께 한정식 식사, 후식까지 즐길 수 있는 코스로 최고급 한우를 직접 구워주

대구경북지역의 양반가 내림 음식을 근간으로 한정식 차림을 선보이는 용지봉. '백년가게'에도 선정돼 한식의 멋과 맛을 널리 알리고 있다.

는 것이 특징이다. 한우 숯불갈비전문점으로 시작해 구이와 한정식을 한자리에서 즐길 수 있는 만큼 엄선된 최상의 고기를 맛볼 수 있다. 반가한정식은 부드러운 호박죽을 시작으로 표고탕수, 문어숙회, 전복구이, 섭산삼, 한우갈비살구이 등에 식사와 후식으로 이어져 든든하고 정갈하다. 대구 최초로 개발한 울릉도 해풍을 맞고 자란 울릉도 명이나물은 메인 메뉴의 맛을 살리고 특허음료인 자소엽차로 깔끔하게 마무리된다. 방송 경연 당시 높은 평가를 받았던 수란채는 대첩코스에서 만나볼 수 있다.

상견례와 연회의 명소로 알려진 만큼 상견례를 위한 행복상, 원앙상 코스도 마련돼 있다. 다양한 크기의 룸에서 프라이빗한 식사를 즐길 수 있고 대형 주차장이 마련돼 주차가 용이하다. 용지봉의 탕류와 반찬은 밀키트로 판매 중이며 매장과 카카오채널 스마트스토어에서 구매 가능하다.

가마솥에 15시간을 끓인 국내산 민물장어
일오장어탕칼국수.

📍 대구광역시 수성구 용학로 86, 1층   📞 053-763-1525
🍴 장어탕 1만원, 장어탕칼국수 1만원, 장어구이덮밥 1만9천원, 장어구이 한 마리 2만원

일오장어탕칼국수는 40년 이상의 외식 경력 비결이 담긴 장어탕 전문점이다. 국내산 민물장어를 정성들여 15시간 끓여내 진하고 깊은 맛을 자랑한다. 장어 몸통과 대가리, 뼈와 함께 들깨, 생강, 콩가루 등을 넣고 끓여낸 육수는 다양한 외식업 운영을 통해 개발한 소스와 만나 최고의 맛을 낸다. 이곳은 대구 수성못 바로 앞에 위치해 호수를 바라보며 몸보신할 수 있어 SNS를 통해 수성못 호수뷰 맛집으로 많이 찾아온다. 대표 메뉴인 장어탕은 소고기국밥처럼 익숙하면서도 감칠맛이 나고 비린내가 전혀 없이 한 뚝배기를 다 비워도 속이 편안하다. 밥이 아닌 칼국수와 즐길 수 있는 장어탕칼국수는 면을 좋아하는 한국인들의 취향을 고려해 개발했는데, 이곳의 시그니처 메뉴가 됐다. 특히 민물 장어구이 한 마리를 수제 소스를 발라 통째로 구워 올리는 장어구이는 2만원이라는 최강의 가성비를 자랑한다.

한 마리에 2만원이라는 최강의 가성비를 자랑하는 장어구이, 장어탕에 칼국수를 조합해 유니크한 메뉴, 오랜 외식업 경력으로 다진 맛과 서비스가 장점이다.

정직하게 좋은 재료로 오랜 품을 들여 건강한 한 상을 만들고 착한 가격으로 판매하고 있는 일오장어탕칼국수는 친절한 서비스로도 입소문 나 있다.

한정식부터 태국음식점, 스시 뷔페, 오리구이집, 소고기 구이집 등 다양한 외식업을 해오다가 고객 모두가 맛과 함께 건강도 챙겨가길 바라는 마음으로 장어탕전문점을 시작했다는 이정환 대표. 이곳을 방문한 고객들이 맛도 좋고 건강해지는 느낌이 든다며 감사 인사를 아낌없이 전할 때 뿌듯함을 느낀다는 그는 "피로회복에 좋은 장어를 15시간 고아 비법 소스로 맛과 건강을 챙긴 밥상을 완성했다. 맛있게 드셔주시는 분들 덕에 보람차고 재밌게 외식업을 해오고 있다. 가능할 때까지 고객과 소통하며 일오장어탕칼국수에서 맛있는 보양식을 만들어 드리고 싶다"고 말했다.

해독과 보신에는 흑마늘 독계탕
일월정흑마늘독계탕.

📍 대구광역시 달성군 논공읍 논공로 697-5　📞 053-615-0558
🍴 일월정 독계죽 1만4천원, 일월정 독계탕 1만7천원, 일월정 독계갈비탕 1만7천원
　 일월정 독계설렁탕 1만5천원, 일월정 간계·적계갈비 3만5천원

일월정은 39년 경력의 전주연 대표가 개발한 흑마늘 독계탕전문점이다. 특허받은 흑마늘 독계탕은 면역력에 좋은 흑마늘을 이용해 해독력을 높인 해독 보양식이다. 몸보신이 필요한 병원의 환자나 어른들에게 사랑받고 있다.

대표 메뉴는 일월정의 상징인 흑마늘 독계탕이다. 여름에 특히 인기 있는 이 메뉴는 고객의 건강에 도움을 주고 싶다는 의지로 수년간 연구 끝에 독자적으로 개발한 메뉴다. 맛과 건강, 포만감을 다 잡은 독계탕은 창녕 마늘을 20일간 발효시켜 만든 흑마늘이 주재료인 독계육수와 영계, 녹두, 대마씨, 찹쌀을 같이 끓여 내어 기력보충에 탁월하다. 독계죽은 독계육수와 수작업으로 발라낸 닭고기, 지역에서 생산한 특산물인 유가찹쌀을 끓여낸 프리미엄 건강죽으로 병원에도 납품되는 일명 해복죽이다. 이외에도 대왕소갈비를 같이 끓여낸 독계갈비탕과 한우소고기를 같이 끓여낸 독계설렁탕도 각각 색다른 맛을 내 인기 있는 메뉴다. 순살 닭허벅지살을 비법 맛간장으로 맛을 낸 일월정식 닭갈비인 간계갈비와 적계갈비, 편갈비 한판도 별미다.

전 대표는 향후 병원 주변에 편의점과 유사한 시스템으로 흑마늘 독계탕을 만날 수 있는 일월정 간편음식 스토어를 오픈해 환자들이 더욱 쉽게 건강한 보양식을 접할 수 있는 환경을 꿈꾸고 있다. 현재는 직접 찾아오기 힘든 고객들을 위해 제조 공장을 지어 HMR 제품을 자체 생산해 판매하고 있다. 네이버 스마트스토어를 통해 만날 수 있는 독계 메뉴들은 설명서에 따라 끓이면 매장에서 맛본 그 맛 그대로 만날 수 있다.

전 대표는 "건강한 음식으로 건강을 되찾아 주고 싶다는 신념을 갖고 매장과 똑같은 맛을 구현해 냈다. 일월정은 흑마늘 독계탕을 체험할 수 있는 체험공간으로 즐겨주시고 온라인을 통해 보양식을 쉽게 접하시길 바란다"고 말한다.

흑마늘을 이용해
해독력을 높인
보양식 독계탕을
전문으로 하는
일월정은 몸보신이
필요한 환자들의
건강을 되찾아 주고
싶다는 마음으로
독계탕 연구에
매진하고 있다.

집밥보다 건강한 두부요리 한상
정강희두부마을。

📍 대구광역시 달성군 다사읍 죽곡2길 2-6　📞 053-592-4900
🍴 두부마을정찬 2만5천원, 두부마을별찬 3만5천원, 정강희특정식 1만5천원

대구 강정보 인근에 있는 정강희두부마을은 조미료를 사용하지 않은 웰빙 한식전문점이다. 조미료를 일절 넣지 않고 자연 그대로의 맛을 살린 두부마을 음식은 깔끔하고 담백해 먹고 나서도 속이 편안하다. 순수한 재료 본연의 맛으로 승부하는 이곳은 담백한 맛을 즐기는 마니아층에게 입소문 나 있지만, 강한 양념과 조미료에 익숙한 사람들에게는 적응의 시간이 필요하다. 하지만 한번 맛본 고객들은 편안한 속과 뒤돌면 생각나는 묘한 매력에 빠져 단골이 되곤 한다.

주력 메뉴는 두부마을정찬이다. 정찬에는 두부구이, 두부채국수, 고등어, 연근초무침, 더덕샐러드, 부추전과 함께 탕류가 나오는데, 청국장과 된장, 순두부 중에 고를 수 있다. 특히 직접 만들어 꾸덕꾸덕한 청국장이 인기다. 단품으로는 고등어와 직접 띄운 청국장, 들깻가루가 가득 들어간 구수한 들깨순두부가 마니아층을 이루고 있는 영양식 메뉴다.

느린 먹거리 소울푸드를 지향하는 정강희 대표는 매일 아침 100% 국산 콩과 해양심층수로 즉석 두부를 만든다. 농장에서 식탁까지 올라오는 모든 식재료를 직접 관리하며 3년 이상 자연 발효한 된장과 황토 온돌방에서 발효시킨 청국장, 맛있는 온도에서 탄생한 묵은지 등을 사용해 화학적 첨가물 없이 음식을 만든다.

최근 남도 음식을 배우며 더욱 다양하고 건강한 음식을 만들기 위해 노력하고 있는 그는 "정강희두부마을 음식이 사랑하는 사람에게 먹이고 싶고, 믿고 먹을 수 있는 건강한 음식이 되길 소망한다"며 "이곳을 찾은 고객들이 밥 한 끼로 나의 몸에 집중하고 나를 돌아보며 건강한 나를 만들 수 있는 공간이기를, 한 끼 식사로 건강한 하루가 되고, 몸이 가벼워짐을 느끼길 바란다"고 말했다.

순수한 재료 본연의 맛에 처음 방문한 고객은 물음표를 띄기도 하지만 이내 속이 편안하고 건강한 맛에 매료돼 단골이 되는 마력이 있다.

대한민국 명품맛집 123선 131

국내 최대 규모 궁중약백숙 '찐맛집'
큰나무집궁중약백숙.

📍 대구광역시 달성군 가창면 우록길 24 📞 053-768-6975
🍴 궁중약백숙(中) 6만원, 오리능이백숙(中) 8만2천원, 스페셜백숙(中) 9만6천원
　시래기닭도리탕 6만8천원, 간장찜닭 6만8천원

대구 달성군 가창면에 위치한 큰나무집은 한식명인인 조갑연 대표의 장인정신이 담긴 백숙전문점이다. 할아버지부터 증손주까지 4대가 찾는 일명 '찐맛집'인 이곳은 원재료인 닭에 집중했다. 지리산 농장에서 항생제 없이 유황을 먹고 자란 품질 좋은 토종닭을 고집해 잡내를 잡고 쫄깃하면서도 부드러운 육질을 살린 것. 더불어 재료 본연의 맛을 살리기 위해 조미료를 사용하지 않고 닭 품종 개발에도 직접 관여한다.

메뉴는 6년근 인삼을 썰어 넣어 푹 고아 낸 궁중약백숙을 기본으로 능이, 전복을 추가해 영양을 더할 수 있다. 오리백숙과 시래기를 넣어 매콤하게 조린 시래기닭도리탕 등 별미메뉴도 인기다.

궁중약백숙은 직접 담근 10가지의 장아찌와 최고의 궁합을 자랑한다. 무장아찌와 양파장아찌를 기본으로 계절에 따라 마늘종, 다시마, 미역, 무청시래기 중 한 가지를 추가

적으로 제공한다. 장아찌를 비롯한 반찬들은 매장 입구에서 포장 구매할 수 있다.

드라이브 코스로 꼽히기도 하는 이곳은 1991년 가창에 자리를 잡아 30년이 넘게 맛집으로 자리 잡으며 수많은 단골 고객에게 사랑받고 있다. 외곽에 자리해 여름의 푸르름과 맑은 공기, 몸보신을 모두 즐길 수 있는 큰나무집은 약 1500평에 달하는 국내 최대 규모 백숙전문점으로 170대가 넘는 차량이 수용 가능한 대형 주차장을 보유하고 있다. 또 식후 담소를 나누고, 여름철에는 급격히 수요가 증가하는 대기 고객들이 편안하게 각종 차와 음료를 즐길 수 있는 카페도 운영하고 있다. 30년간 닭요리를 연구해온 조 대표의 뒤를 이어 아들 김상민 실장이 맛과 정성이 담긴 전통 약백숙의 맛을 변함없이 이어갈 예정이다.

국내 최대 규모의 궁중약백숙전문점인 큰나무집은 원재료인 닭에 집중해 할아버지부터 증손주까지 4대가 찾는 '찐맛집'이다.

대구 10味 중 하나인 무침회로 골목 평정
푸른회식당.

📍 대구광역시 서구 달구벌대로375길 14-1 📞 053-552-5040
🍴 오징어무침회 大 2만3천원·中 1만8천원, 가오리찜/아구찜 大 2만8천원·中 2만원, 수육(大) 1만5천원
가오리무침회·미주구리무침회 2만6천원, 납작만두 3천원, 우렁이무침회 2만3천원

대구를 대표하는 10미(味) 중 하나인 무침회로 반고개 무침회 골목을 평정한 식당이 있다. 1987년부터 무침회를 시작해 매콤한 맛으로 대구 지역민들의 입맛을 사로잡고 있는 푸른회식당이다. 잘되는 업소의 특징은 재료를 아낌없이 넣어 음식을 만드는 곳이 많다. 이곳도 마찬가지다. '아낌없이 더 넣어라. 그게 결국 남는기라'라는 문구가 업소의 경영 마인드를 대변하고 있다.

식재료 선택도 깐깐하다. 방앗간에서 3일에 한 번 갓 짜낸 참기름과 새로 빻은 고춧가루를 들여와 사용하고, 쌀은 일주일에 한 번 정미소에서 직접 도정 해 사용한다. 고객이 많다 보니 식재료의 순환이 빨라 재고가 없는 것도 맛의 비법이다. 재료가 신선하면 음식도 맛있다. 무침회 종류는 오징어무침회, 가오리무침회, 미주구리(물가자미)무침회, 우렁이무침회가 있다. 대표메뉴인 오징어 무침회는 탱글탱글하게 데친 오징어

1대 김영숙 대표가 시작해 2대 황기모 대표가 대물림하고 있는 푸른회식당은 '최고라는 자부심으로 40년을 넘어 100년까지 이어갈 것'을 목표로 하고 있다.

살과 참소라, 논우렁이를 넉넉히 넣고 채소와 특제 양념 소스, 갓 짜낸 참기름을 넣어 주문 즉시 무쳐내는데 다 먹을 때까지 물이 생기지 않아 끝까지 산뜻하게 즐길 수 있다. 무침회는 상추나 깻잎에 싸 먹어도 좋고 대구의 또 다른 10미 납작만두에 싸 먹으면 기름에 지져 고소한 맛이 무침회와 궁합이 좋다.

각종 모임에는 아구찜과 가오리찜도 인기다. 쫄깃하면서도 담백한 아구와 아삭한 콩나물, 향긋한 바다향의 미더덕이 어우러져 눈 깜짝할 사이에 밥 한 공기를 뚝딱 비우게 한다. 기본 찬은 샐러드와 콩자반, 새우마늘쫑볶음, 멸치볶음, 미역볶음 등 매운맛을 상쇄시킬 수 있도록 맵지 않은 찬으로 구성했다. 1인당 제공되는 재첩국은 매운맛을 중화시켜 줄 뿐만 아니라 숙취 해소에도 좋아 무침회와 함께 술을 마시면서 동시에 해장을 시켜주는 듯하다. 푸른회무침은 포장 및 택배 수요도 많아 매장 뒤편에 CK를 만들어 밀키트를 생산하고 있다.

프라이빗 공간, 하이엔드 파인다이닝
한식다이닝 류.

📍 대구광역시 수성구 들안로1길 23   📞 053-763-9888
✕ 만오 7만5천원, 심오 10만원, 성찬 12만원, 절찬 15만원

대구 수성구 들안길에 위치한 한식다이닝 류은 한식대첩4 최종우승자 변미자 대표의 제철요리 파인다이닝이다. 개별 프라이빗 룸 5개로만 운영되는 이곳은 하루 10팀만을 위해 준비돼 더욱 특별하다. 런치코스인 만오와 심오, 디너코스인 성찬과 절찬은 음식디미방, 수운잡방 등 고조리서 연구를 통해 발굴한 옛 조리법을 토대로 새로운 재료와 현대적인 기법을 더한 근본 있는 한식다이닝이다. 프리미엄 다이닝인 만큼 재료 하나하나의 제철, 신선함도 놓치지 않는다. 계절에 따라 제철 식재료로 신메뉴를 개발하고 식재료의 상황에 따라 메뉴를 변경하기도 하며 최고의 맛만을 선보인다.

대표메뉴인 성찬 코스는 전채, 작은 주안상, 해물, 고기, 진짓상, 후식 순으로 제공되는데 한식대첩4에서 우승한 메뉴인 수란채와 다양한 해물 구이, 시원한 연포탕, 물회는 물론, 안창살과 명품갈빗살 등 고기구이, 누룽지와 반찬, 차와 수제 디저트까지 즐길 수 있다.

한식다이닝 류은 시각과 미각을 함께 만족시킨다. 자연과 모던함을 함께 즐길 수 있는 공간의 근사함을 빼놓을 수 없다. 입구에 놓여있는 달항아리와 여백의 미를 강조한 공간, 장미목으로 만들어 고급스러운 웰컴 접시와 테이블 세팅, 넓은 창으로 보이는 마당의 꽃과 나무가 하나의 액자가 되어 공간을 따뜻하면서 화려하게 만든다. 모던함이 느껴지는 화이트앤블랙의 건물 외관은 고급스러움과 프라이빗함이 강조된다.

신선한 제철 음식과 한식대가의 손길이 닿은 품격 있는 한 끼 식사를 개별 룸에서 프라이빗하게 즐기며 특별한 날을 더욱 특별하게 만들어 주는 한식다이닝 류. 나무의 단면에 해마다 둥글게 나이테가 더해지는 것처럼 차곡차곡 쌓아온 연륜이 느껴진다.

한식대첩4 최종우승자 변미자 대표의 제철요리를 즐길 수 있는 한식다이닝 륜은 프라이빗 룸 5개로만 운영하고 있다. 선택받은 하루 10팀만을 위해 준비돼 더욱 특별하다.

갓성비 매콤 복어불고기 코스요리
해금강.

◉ 대구광역시 동구 신암남로 133   ☎ 053-954-2323
✕ 특밀복코스 3~4인 12만원, 밀복샤브전골세트 2인 6만원, 참복불고기세트 1인 3만원
  까치복불고기세트 1인 2만5천원, 참복매운탕/지리 2만1천원, 밀복매운탕/지리 1만9천원

해금강은 고급요리의 대명사인 복어요리를 부담없는 가격에 제대로 맛볼 수 있는 40년 전통의 복요리전문점이다. 복어매운탕, 복지리를 비롯해 복어불고기, 복어샤브전골, 복껍질무침, 복튀김, 복어찜 등 이색적인 복어요리를 선보이며, 다양한 요리를 골고루 맛볼 수 있도록 코스메뉴를 구성해 선보이고 있다.

복어는 주로 밀복을 사용한다. 이곳 박명선 대표는 "밀복은 복사꽃이 필 무렵 잡은 것이 가장 맛이 좋아 1년 치를 대량 구매해서 급랭해 놓고 연중 사용하고 있다"고 말한다.

해금강의 대표메뉴는 복불고기세트다. 복불고기와 껍질무침, 복튀김과 복지리 등 다양한 요리를 1인 2만5천원에 즐길 수 있어 '갓성비' 메뉴로 통한다. 복어불고기는 매콤한 양념이 쏙 배인 복어살과 채소를 곁들여 먹고 남은 양념에는 밥을 볶아 먹는다.

> 40년이 넘는 세월동안 힘들었던 기억보다 맛있게 먹은 손님이 돈을 주면서 오히려 잘 먹고 간다고 인사를 할 때 너무 행복하다는 박명선 대표. 대구 중심가인 동성로에 2호점을 내고 젊은층을 대상으로 복요리 확산에도 노력하고 있다.

콜라겐 덩어리인 복껍질은 매콤새콤하게 무쳐내고, 복어튀김은 부드러운 복어살이 입안에서 사르르 녹는다. 코스의 마지막은 탕 또는 지리로 제공하는데 쫄깃쫄깃하면서도 지방이 없고, 담백한 복어살과 시원한 국물이 일품이다. 탕과 지리 육수는 감초, 어성초, 칡뿌리, 망개뿌리 등 해독작용에 탁월한 5가지 약초를 넣어 낸다.

밑반찬도 오방색을 기조로 뿌리채소인 우엉참깨무침, 잎채소인 채소 샐러드, 열매채소인 가지튀김무침에 바다에서 난 다시마전, 복어껍질부각튀김, 갈치식해까지 한 상 가득하다. 특히 갈치식해는 꼬들꼬들하게 삭은 갈치살에 매콤한 양념이 어우러져 밥도둑이 따로 없다. 갈치식해는 워낙 입소문이 나 포장 판매도 많다.

문경새재의 자연을 갈무리한 맛이 펼쳐지는 곳
라오미자연밥상。

📍 경상북도 문경시 문경읍 새재로 600　📞 054-572-5959
🍴 곤드레오색비빔밥 1만3천원, 깐풍고등어구이밥상 1만9천원, 불맛제육직화구이밥상 1만9천원
　산야초황태구이밥상 2만원, 바싹불고기, 보리굴비한상 3만9천원

다섯 가지의 맛을 펼친다는 뜻의 라오미(羅五味)자연밥상은 문경새재의 자연을 갈무리한 손맛과 정성을 담아 표현하는 곳이다. 문경향토음식연구소이기도 한 이곳에서 김정숙 대표는 각종 효소와 천연양념을 이용한 자신만의 음식 세계를 펼친다. 오미자, 민들레, 매실, 쇠비름 등 문경의 지역농산물로 발효한 효소를 사용해 맛은 물론이고 건강까지 챙길 수 있는 음식들을 준비한다.
메인 메뉴와 함께 담아내는 정갈한 반찬에서는 내공이 느껴진다. 강황을 베이스로 한 연근조림은 혈액을 맑게 해 위장의 기능을 지켜주고, 향신 기름을 이용해 구워내는 고등어는 비린 맛이 없다. 오트밀을 얹어 튀겨내는 가지튀김은 식감이 훌륭하고 오미자와 매실 발효효소로 양념한 바싹 불고기는 파채와 함께 먹으면 별미 중의 별미다.
대학에서 오랫동안 강의를 했었던 김 대표는 "항상 좋은 음식은 약이란 생각으로 음식을 만들고 있다. 고객들이 건강한 음식을 잘 먹었다고 말할 때 힘들긴 하지만 대학 강단을 떠나 현장에서 일하는 보람을 느낀다"고 말한다. 여기에 한의사인 딸의 조언을 구해 만든 '팔보차'를 식후에 차로 제공하고 있는데, 체질에 상관없이 누구에게나 건강에 도움을 줄 수 있어 인기가 많다.
특별한 날엔 잔치상 차림도 가능하다. 일명 '한식 오마카세'라 불리는 이 메뉴는 아는 사람만 아는 이곳의 비밀병기이기도 하다. 6만6천원, 11만원 두 가지 코스 중에 선택해 미리 예약을 하면 돌잔치나 회갑연, 상견례의 인원수에 맞게 그때그때의 계절 식재료로 특별한 코스요리를 맛볼 수 있다. 인터넷이나 SNS 등 별도로 홍보하지 않음에도 불구하고 연회를 치른 고객들의 입소문에 의해 예약이 끊이지 않고 있다.

좋은 음식은 약이다. 오랫동안 대학에서의 강의를 한
라오미자연밥상 김정숙 대표는 각종 천연 양념과 효소를
이용해 정갈한 음식을 차려낸다.

복 샤브샤브와 구이를 동시에 즐긴다
복어세상.

📍 경상북도 경산시 진량읍 공단1로 20   📞 053-856-9767
🍴 상황육수 밀복샤브구이정식 4만2천원, 상황육수 참복샤브구이정식 5만원

복어세상은 복어를 샤브샤브와 구이로 동시에 즐길 수 있는 복요리전문점이다. 20년 전 경산시 진량읍에 자리한 이후 귀한 손님에게 대접할 수 있는 프리미엄 복어 보양식 집으로 자리매김하고 있다.
이곳 김영삼 대표는 복어세상 오픈을 위해 직접 복어조리기능사 자격증을 취득, 복어를 직접 손질하고 건강한 육수를 만들기 위해 새벽마다 주방에 불을 켠다. 상황버섯과 복어 뼈를 가득 넣고 고아 낸 육수는 진하고 깊은 맛이 난다. 무엇보다 최고의 맛은 질 좋고 신선한 식재료 사용이 기본이라는 원칙으로 최상의 품질을 유지해 건강한 음식을 제공하고 있다.
대표메뉴는 상황육수 참복샤브구이정식이다. 쫄깃한 식감이 매력적인 복어를 구이와 국물 두 가지 조리방식으로 즐기는 메뉴다. 샤브구이정식은 담음새도 아름답다. 구이판에

은이버섯, 목이버섯, 느타리버섯, 표고버섯 등 다양한 버섯과 미나리, 은행, 대추를 둘러 담고, 다양한 채소와 찬을 함께 낸다. 얇게 포 뜬 복어는 먼저 살짝 구워 소스에 찍어 먹은 다음 육수를 부어 샤브샤브로 즐기면 된다. 기본 복어탕은 시원한 국물이 매력적으로 보양과 해장을 동시에 만족시킨다.

김 대표는 "고객들을 만족시키기 위한 서비스와 건강한 음식을 제공하는 것이 복어세상의 핵심 가치"라며 "음식점이야말로 서비스가 중요하기 때문에 직원들에게 체계적인 서비스 교육을 꾸준히 실시하고 있다"고 말한다.

복어세상은 모든 공간이 4~100인까지 수용할 수 있는 개별룸으로 구성돼 있어 각종 모임도 규모에 따라 프라이빗하게 즐길 수 있다. 50대 이상 주차 가능한 대형 전용 주차장도 갖추고 있다.

복어를 샤브샤브와 구이로 동시에 즐길 수 있는 복요리전문점. 직접 복어조리기능사 자격증을 따고 요리의 기본인 육수를 내기 위해 새벽마다 주방의 불을 밝히는 등 복어요리에 진심이다.

맛과 멋, 가심비 최고의 복어불고기
복어잡는사람들。

📍 경상북도 경산시 대학로 77　📞 053-815-9951

🍴 복어불고기 1만4천원, 복어튀김 2만9천원, 복어탕·지리 1만1천원, 복어찜 3만3천원, 참복불고기 2만5천원
　참복어맑은찜(수육) 小 4만9천원, 세트메뉴 다양

대구 10미(味) 중 하나인 복어불고기를 대표메뉴로 하는 복어잡는사람들은 신흥 복어불고기 강자로 입소문을 타고 있다. 비결은 '좋은 재료로 맛있게 저렴하게' 제공하는 것이다. 복어는 잡는 시기에 따라 종류가 다르고, 생복은 가격 자체가 비싸기 때문에 판매가격이 너무 높아 대중들의 외면을 받기 십상이다. 복어잡는사람들은 참복, 까치복, 황복, 청복, 밀복 등 선상에서 바로 급랭해 품질만큼은 월등한 냉동 복을 사용하고 있다. 이곳의 대표메뉴는 복불고기지만 다양한 단품메뉴를 가성비 높은 코스요리로 구성해 고객들의 마음을 사로잡고 있다. 여러 가지 메뉴를 맛보고 싶어 하는 고객들의 니즈를 반영해 복불고기, 탕, 지리, 껍질무침, 황복튀김, 매운찜, 맑은찜을 2인부터 6인세트까지 구성한 것. 세트와 단품메뉴의 판매 비율은 8대 2로 세트메뉴 주문이 압도적이다. 복불고기는 고추장과 고춧가루, 천연조미료와 과일 등을 섞어 만든 소스를 숙성해 적당히 매콤하면서도 깊은 맛이 중독성 있다.

특별 제작한 철판에 복불고기와 콩나물을 듬뿍 넣어 지글지글 익혀낸 복어불고기를 먹고 난 후 볶아먹는 볶음밥은 빼놓을 수 없는 별미다. 어른 아이 할 것 없이 좋아하는 복어튀김도 시그니처 메뉴다. 일본에서 들여온 자동 튀김기에 튀겨내는 튀김은 바삭하면서도 항상 일정한 퀄리티가 보장돼 복어뿐만 아니라 고구마, 양파링, 단호박 등 다양한 채소튀김을 함께 제공해 인기가 높다. 복어찜은 고춧가루를 넣은 것과 고춧가루를 넣지 않고 하얗게 요리한 맑은 찜 두 가지로 제공하는데 일명 하얀찜은 어르신이나 어린이가 있는 가족 고객들의 선호도가 높다. 고객을 위한 시설도 최고를 지향한다. 온전히 복어음식점을 위한 건물을 디자인해 마치 배 안에서 식사하는 듯한 분위기는 물론 넉넉한 주차시설을 갖추고 있다.

전부열 대표는 "맛은 좋은 재료가 기본이다. 지금도 더 좋은 재료를 찾고, 더 완벽하게 보관하고, 더 맛있게 요리하기 위한 1% 차이를 찾는 데 주력하고 있다"고 말한다.

가장 맛있는 갈비, 가장 몸에 좋은 갈비
여물통.

- 경상북도 칠곡군 석적읍 남중리1길 10
- 054-977-0205
- 돌돌수제왕갈비(230g) 1만2천원, 한우꽃갈비살(100g) 3만5천원, 한우육회(300g) 3만5천원
  장수갈비탕 1만5천원

직접 제작 주문한 독특한 나무 그릇에 담아 내는 돌돌수제왕갈비를 대표메뉴로 하는 여물통은 2007년 오픈했다. 그동안 주변에 수없이 많은 식당이 없어지거나 바뀌었지만 여물통은 꿋꿋하게 자리를 지키며 칠곡을 대표하는 고기 맛집으로 자리 잡았다.
비주얼과 맛 모두 인정받는 돌돌수제왕갈비는 수많은 연구를 통해 가장 맛있는 비율인 살코기 120g, 비계 50g 그리고 양념을 더해 230g으로 제공한다. 어릴 때부터 여물통의 수제왕갈비를 먹고 자란 고객들은 성인이 된 이후에도 꾸준히 찾을 만큼 고객들의 만족도가 높다. 실제로 단골이 95% 이상이며 '통고기집'이라는 애칭도 가지고 있다. 갈비를 숙성시키는 방법 또한 정성과 열정이 남다르다. 직접 재단한 갈비는 감초, 황기, 월계수 등 7가지 한약재와 5가지 채소, 과일 등 넣고 100시간 숙성을 거쳐 감칠맛이 일품이다. 식사 메뉴로 인기 있는 장수갈비탕은 커다란 갈빗대가 2대나 들어가 비

쾌적한 분위기와 깔끔한 상차림, 편안한 서비스가 인상적인 여물통. 늘 연구 개발하는 자세로 메뉴 품질향상을 꾀함으로써 오랫동안 지역민들의 사랑을 받고 있다.

주얼이 압도적일 뿐만 아니라 담백하고 시원한 맛이 일품이다. 지역마다 다른 갈비탕의 특징을 꼼꼼하게 분석해 가장 맛있는 갈비탕을 제공한다는 자부심이 가득하다.

여물통은 부부가 함께 운영하는데 홀은 고영식 대표가, 주방은 권경남 대표가 각각 맡아 관리하고 있다. 특히 권 대표는 한식, 양식, 중식, 복어자격증을 모두 취득하고 늘 연구하는 자세로 메뉴를 관리하고 있다.

호텔 근무부터 외식업까지 30년 이상 일해온 여물통 대표의 목표는 처음의 목표와 생각을 잊지 않고 매장 운영을 하는 것이다. 두 대표는 "1990년대에는 '고객이 왕이다'라는 말이 당연했다. 지금은 여러 모로 의미가 퇴색했지만, 언제나 고객이 왕이라고 생각하면서 여물통에서 보내는 식사와 시간이 최고가 될 수 있는 서비스를 하고 싶다"고 말했다.

농도 120% 순두부 맛집
팔팔순두부.

📍 경상북도 구미시 산책길 85　📞 054-444-0250
🍴 하얀순두부 9천원, 해물순두부 1만원, 들깨순두부 1만원, 청국장순두부 1만원, 두부돈까스 1만2천원 부자세트 1만4천원

구미 금오산 입구에 위치한 팔팔순두부는 100% 국내산 콩으로 매일 아침 순두부를 만드는 순두부전문점이다. 이곳 순두부는 일반 순두부보다 농도가 20% 높아 맛이 진하고 더 고소하다. 웰컴드링크 콩물에서 팔팔순두부의 순두부에 대한 자부심이 느껴진다. 또 천일염을 비롯해 신안 바다에서 공수한 천연 간수로 만든 웰빙 순두부로 신뢰를 더한다. 황태, 파 뿌리, 대파, 새우 등을 넣고 약 24시간을 끓인 육수는 순두부의 깊은 맛을 더 한다.

인기 메뉴는 매콤한 맛을 자랑하는 해물순두부다. 진하고 부드러운 순두부에 해물의 시원함과 얼큰함이 더해져 한국인이라면 남녀노소 누구나 좋아할 맛이다. 들깨순두부와 청국장순두부는 흔히 찾아볼 수 없는 독특한 매력을 뽐낸다. 특히 청국장순두부는 콩과 콩의 만남으로 고소하면서도 각 재료가 묘하게 어우러진다. 두부돈까스는 웰빙을 주제로 콩요리를 연구하던 김은실 대표가 개발한 메뉴로 두부와 돼지고기, 치즈가 어우러져 겉은 바삭하고 속은 촉촉하면서 부드러운 건강함을 선사한다. 순두부와 능이석갈비, 코다리해물찜, 육전 등 다양한 요리를 함께 즐길 수 있는 세트 메뉴는 3인 이상 주문 시 가능하다.

편안하고 온화한 분위기의 팔팔순두부는 실내 약 100평, 주차장 900평에 넓은 좌석 배치로 특히 아이를 동반한 가족들에게 사랑받고 있다. 매장 한편에는 커피, 야관문차가 구비돼 있어 식사 후 깔끔한 마무리가 가능하다. 동절기에는 숭늉을 제공하고 있다. 매일 아침 콩을 불려 맷돌에 갈아 순두부를 만드는 박동주 대표는 팔팔순두와 함께 화덕생선구이, 안느스테이 카페 등을 함께 운영하고 있다.

100% 국산 콩으로 매일 아침 순두부를 만드는 팔팔순두부는 청국장순두부, 들깨순두부, 해장순두부 등 다양한 메뉴를 개발해 사랑받는 명실공히 순두부찌개 맛집이다.

대한민국 명품맛집 123선 149

엄마 집밥 생각나는 약선 밥상
해밥달밥.

📍 경상북도 칠곡군 동명면 기성3길 12   📞 054-975-8775
🍴 다올상 2만원, 해가빛상 3만원, 모꼬지상 4만원

경북 팔공산 인근에 위치한 해밥달밥은 사찰음식과 약선요리를 합쳐 제철 요리를 선보이는 한정식전문점이다. 새벽 4시에 기상해 모든 식재료 손질부터 시작하는 김은주 대표가 좋은 음식은 약과 같은 효능을 낸다는 뜻인 '약식동원'을 기본 정신으로 18년째 건강밥상을 만들고 있다. 밥상에 오르는 모든 음식은 직접 재배한 가지, 배추, 비트 등과 산과 들에서 나는 계절 나물과 같은 유기농 제철 식자재로 만든다. 직접 담근 된장, 간장, 고추장, 발효 과일청 등 발효식품으로 맛을 내 자연의 건강한 맛이 느껴진다.
가장 인기 있는 메뉴는 해가빛상이다. 흑임자 죽과 함께 약선 장어구이, 약선 갈비찜, 떡갈비 등 메인 요리를 먹고 나면 2차로 돌솥밥과 나물, 찌개 등이 차려진다. 돌솥밥은 영양밥과 곤드레밥 중에 선택할 수 있다.
해밥달밥의 가장 큰 장점은 갖가지 계절 나물과 영양밥을 즐길 수 있다는 것이다. 사찰 요리와 발효 약선요리, 종가 내림 음식을 공부한 김 대표 덕에 제철 나물 반찬이 많고 먹어도 속이 편해 건강한 맛을 찾는 고객들 사이에서 입소문이 난 것. 용운사, 파계사 등 주변 천년고찰을 찾아온 고객이나 관광객들이 즐겨 찾는 사찰음식 맛집으로 자리 잡고 있다.
김 대표는 "해밥달밥을 찾아 주는 모든 고객을 가족이라 생각하고 해밥달밥다운 밥상을 차리려고 항상 노력하고 있다. 먹으면 기분이 좋아지고 속이 편한 친정어머니가 생각나는 집밥으로 기억에 남았으면 좋겠다"고 말한다. 새벽에 만들어 낸 반찬은 포장 판매도 하는데 푸짐한 양과 보장된 맛에 점심때쯤이면 품절될 정도로 인기가 많다. 특히 100% 영양 국산 고춧가루를 사용해 만든 고추장은 유명 연예인과 외국인들도 방문해 구매해 갈 정도로 인기가 많다.

먹으면 기분이 좋아지고 속이 편한
건강한 밥상을 차려내기 위해 직접
재배한 채소와 계절 식재료를 사용해
엄마의 마음으로 정성을 다한다.

경상남도。

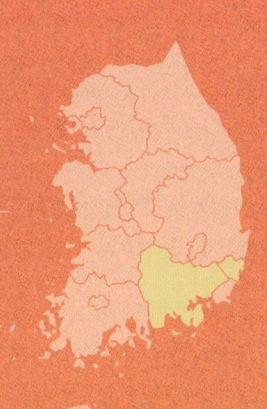

067 가람생복
068 가야마루
069 경포장장어구이
070 국보반상
071 국보삼계탕
072 김해한우(김해축산)
073 깡돌찜닭
074 대가삼계탕
075 대동할매국수
076 도감어가
077 도리원
078 바다품은식당마켓
079 백프로갈비
080 삼천포정서방
081 수백당
082 종정헌
083 하면옥
084 하수진보배밥상
085 향옥정
086 황금시대

복 마니아들이 찾는 복어 전문점
가람생복.

📍 경상남도 김해시 내덕로108번길 16　📞 055-324-6542
🍴 까치복·참복샤브샤브 3인분 8만원, 까치복·참복불고기 2만3천원, 밀복샤브샤브 7만원, 참복활어샤브샤브 1인분 7만원, 흰밀복샤브샤브 3인분 6만원, 밀복불고기 1만8천원, 참복활어매운탕지리 3만5천원

35년 전통의 복어요리전문점 가람생복은 흰밀복, 밀복, 까치복, 참복 등 다양한 종류의 복어를 선보여 복 마니아들이 찾는 곳이다. 한 가지 종류의 복요리를 취급하는 것도 어려운데 다양한 종류의 복을 여러 가지 요리 방법으로 다루기 때문이다. 복어의 종류도 다양하지만 30여 년 차 강태호 대표가 직접 주방을 맡아 매운탕, 전골, 수육, 샤브샤브, 불고기 등 다양한 복어요리를 경험할 수 있다.

가람생복에서 가장 추천하는 메뉴는 샤브샤브다. 보통 복어를 토막 내 넣고 끓인 복어지리, 복어탕을 내는 곳이 흔하지만 이곳은 육수에 각종 채소들을 넣고 끓인 뒤 복어를 얇게 포 떠서 살랑살랑 익혀 샤브샤브로 먹을 수 있다. 복어샤브샤브는 흔히 볼 수 없기도 하지만 쫄깃하면서도 담백한 복어의 맛을 제대로 느낄 수 있어 인기가 매우 높다. 이외에 대중적인 매운탕과 지리탕, 전골, 수육, 불고기는 물론 코스로도 복어를 먹을 수 있다. 코스에는 복어를 더 맛있게 먹을 수 있는 생선젓갈, 복어튀김, 끓여 먹어도 쌈 싸먹어도 맛있는 모듬채소와 여러 찬이 함께 나온다. 그중 경남 지역 특유의 생선젓갈은 고유 맛은 살리면서 건강을 생각해 소금을 덜 써 좋은 반응을 얻고 있다.

'아내에게 맛있으면서도 제대로 된 복요리를 해주고 싶어 복어요리를 시작했다'는 강 대표는 '의사는 병을 고치지만 요리사는 건강을 지킨다'는 말을 경영철학으로 삼고 있다. 이에 따라 신선한 재료를 쓰는 것은 물론 반찬 한 가지, 재료 한 가지를 선택할 때도 신중하다. 맛과 품질 그리고 서비스까지 진심인 가람생복은 김해관광 추천음식점 100선 등에 선정돼 지금도 인근 주민은 물론 김해를 찾은 관광객들의 발길이 잦다.

밀복, 까치복, 참복 등 여러 복어 종류를 다루고 있으며,
매운탕, 전골, 수육, 샤브샤브, 불고기 등 다양한
복어요리를 맛볼 수 있어 복 마니아들이 찾고 있다.

1++ 한우 암소를 구이와 언양불고기로
가야마루.

📍 경상남도 김해시 인제로51번길 6 1층~2층   📞 055-331-8892
🍽 가야불고기 150g 2만7천원, 갈비살 100g 3만6천원, 특수부위(생우살등심, 살치살) 100g 3만8천원
꽃등심100g 3만2천원, 육회 3만원, 더덕구이 3만원

최고급 한우를 믿고 먹을 수 있는 가야마루는 1++ 한우 암소만을 다뤄 아는 사람은 다 아는 한우 맛집이다. 누구나 고개를 끄덕일 수 있는 맛있는 고깃집을 해보고 싶었던 이곳 김미옥 대표는 매장 운영 전 도축장에서 근무하며 고기 공부를 했을 만큼 열정적이다. 덕분에 늘 가장 좋은 고기를 고객들에게 제공하고 있다.

가장 맛있는 부위만을 고르고 골라 제공하는 메뉴는 구이와 언양불고기다. 최고급 육질을 선별한 꽃등심, 갈비살, 특수부위는 구이로 즐길 수 있으며, 김미옥 대표만의 특제 양념으로 만든 언양불고기는 한우의 풍미가 깊어 인기다.

1++ 한우에 어울리는 반찬도 예사롭지 않다. 신선한 채소와 겉절이, 단호박조림, 장아찌와 백김치, 간장게장 등이 정갈하게 나가며, 중국 스타일의 가지요리는 고객들에게 반응이 좋아 넉넉하게 제공해도 리필을 요청하는 고객이 많다.

김 대표는 가야마루의 가장 큰 장점을 직원들이라고 말한다. 고깃집인만큼 고기가 맛있는 것은 당연하기 때문에 고객이 맛있고 편안하게 먹을 수 있는 분위기를 만드는 직원들이 중요하다는 것. 가야마루 직원들은 가장 짧게 일한 직원이 10년 이상 일했을 정도이며 고객 서비스에 진심이라고 말한다. 그는 "앞으로도 1++한우에 어울리는 다양한 주류와 음식, 편안하고 품격있는 서비스를 지켜나가면서 고객들과 함께 가야마루를 오래오래 운영하고 싶다"고 밝혔다.

가야마루는 룸 스타일로 구성된 1층과 홀과 룸으로 구성된 2층이 있어 개인부터 단체 고객까지 모두 수용할 수 있으며, 주차공간도 넉넉하다.

1⁺⁺ 한우 암소로 즐기는 특별한 구이와 특제 소스로 만든 언양식 불고기. 정성이 담긴 반찬과 품격 있는 서비스가 더해져 완벽한 한 끼를 제공한다.

김해 불암동장어타운 원조 장어 맛집
경포장장어구이.

📍 경상남도 김해시 식만로348번길 31-1(불암동) 📞 055-336-6354
🍴 간장구이 3만1천원, 양념구이 3만1천원, 소금구이 3만1천원

부산과 김해의 경계인 서낙동강에는 과거 강변 좌우로 30여 개의 장어구이전문점들이 문전성시를 이뤘었다. 그러나 건물 노후와 위생 및 주차 문제 등으로 어려움을 겪다가 김해 불암동 서낙동강 둘레길에 새롭게 부지를 마련, 현재 20여 개 업소가 신축 건물에 입주하면서 현재의 불암동 장어타운이 형성됐다. 경포장장어구이도 그중 한곳이다. 1986년에 시작해 장어타운에서도 터줏대감인 이곳은 장어구이와 향어회, 메기탕 등을 전문으로 한다. 장어는 전라도 고창에서 들여와 직접 손질해 고소한 소금구이와 단짠의 조합이 있는 간장구이 그리고 자극적이지 않아 어른·아이 모두 잘 먹는 양념구이 3가지 맛으로 선보이고 있다. 점심시간에는 칼칼한 메기매운탕이 준비돼 있어 간단하면서도 든든한 한 끼를 즐길 수 있다.
경포장장어구이가 지금까지 고객들의 사랑을 받아온 데에는 이곳 하재숙 대표의 손맛이 한 몫 했다. 37년 동안 된장, 간장, 고추장은 직접 담그고 참기름, 들기름도 직접 짜

장류부터 매일 시장에서 장을 봐 만드는 제철 찬까지 하재숙 대표가 주방을 지키고 있는 경포장장어구이. 딸이 홀을 맡고, 아들이 주방을 도우며 대를 잇고 있다.

서 사용하는 것은 물론이다. 또 여러 종류의 장아찌도 직접 담가 상에 내고, 매일 아침 시장에서 신선한 제철 채소를 구입해 언제나 내 가족에게 먹인다는 생각으로 음식을 만들고 있다. 상차림도 정갈하다. 계절죽과 감자샐러드, 문어숙회, 꼬막, 멍게, 소라 등 제철 해산물 몇 가지, 10여가지 장아찌 등이 한 상 차려지면 주방에서 그릴에 구운 장어를 테이블 인덕션에서 따뜻하게 먹을 수 있도록 했다. 장어를 손질하고 남은 대가리와 뼈는 주방에 있는 커다란 대형 가마솥이 넣고 인삼, 생강 등을 첨가해 5시간 푹 고아서 장어탕을 만들어 서비스탕으로 내는데 특히 남성 고객들의 호응이 좋다. 경포장장어구이는 서낙동강 둘레길 바로 옆에 위치해 있어 강변뷰맛집으로도 통한다. 쾌적한 공간과 서비스로 가족 고객은 물론 회식 고객들도 즐겨 찾는데, 2층은 약 50여 명의 단체모임도 가능하다.

함안 연잎과 법성포 보리굴비의 만남
국보반상.

📍 경상남도 함안군 산인면 산인로 333   📞 055-583-8252
🍴 연잎보리굴비 한상 2만8천원, 코다리 한상 2만원, 꼬막비빔밥 한상 1만7천원

국보반상은 함안에 위치해 있지만 창원, 마산에서 찾아오는 고객이 대부분이다. 함안에서 손색이 없는 한상차림 맛집을 만들어보고 싶었던 국보삼계탕 김경남 대표가 바로 옆에 국보반상을 오픈한 것. 국보반상은 가족 외식은 물론 접대, 각종 모임으로 방문해도 만족스러워할 만한 가격과 퀄리티로 짧은 시간에 맛집으로 자리매김했다.

메뉴는 연잎보리굴비한상, 코다리한상, 꼬막비빔밥한상이다. 색다른 재료로 색다른 메뉴를 선보이는 것보다 대중이 좋아하는 식재료와 메뉴를 더 맛있게 하자는 생각으로 메뉴를 구성했다. 특히 보리굴비는 함안의 특산물인 연잎에 싸서 굴비를 쪄 비린내는 잡고 연향이 은은하다. 경상도식으로 매콤하게 조린 코다리도 인기다.

제철 채소로 만든 개성 있는 반찬도 국보반상을 찾는 고객들의 만족도를 더 높인다. 매장에서 직접 만든 흑임자묵과 문어조림, 명란젓, 목이와 은이버섯회, 가지튀김 등 구색을 갖추기 위한 반찬이 아닌 개성과 정성이 가득해 고객의 눈과 입을 모두 즐겁게 한다.

널찍한 개별 룸과 삼면이 유리창으로 되어 있는 홀에서 즐기는 한상차림은 특히 젊은 층에게 인기가 많다. 쾌적한 분위기와 깔끔한 상차림, 편안한 서비스 등을 두루 충족시켜 평일에도 예약 손님이 많아 늘 웨이팅이 걸릴 정도로 반응이 좋다.

함안을 넘어선 경남의 맛집이 될 수 있도록 새로운 도전을 계속하고 있는 국보반상은 매장에서 보리굴비를 함께 판매하고 있으며, 앞으로 온라인 판매를 통해 국보반상과 보리굴비의 명성이 선순환되는 효과를 기대하고 있다. 한편 국보반상은 김 대표의 아들이 점장으로 일하며 가업을 잇고 있다.

법성포 보리굴비, 맛있는 코다리, 벌교 꼬막, 다양하고 개성 있는 반찬이 가득한 한상차림 맛집. 함안의 특산물 연잎이 보리굴비의 풍미를 더한다.

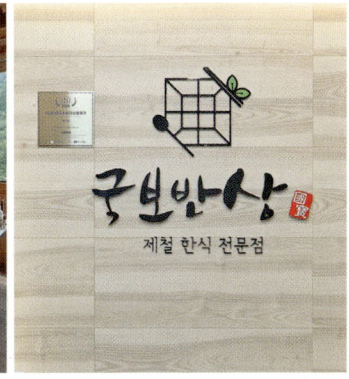

누구나 가고 싶은 매장, 누구나 원하는 맛
국보삼계탕.

📍 경상남도 함안군 산인면 산인로 333   📞 055-583-5842
🍴 능이전복삼계탕 2만5천원, 녹두산삼삼계탕 2만3천원, 한방 삼계탕 1만9천원, 한방오리백숙 7만원
   오리불고기 한 마리 5만2천원, 오리훈제구이 한 마리 5만4천원

20년간 함안을 대표하는 삼계탕전문점 국보삼계탕은 큰 닭과 아낌없이 재료를 넣어 단골고객들의 입맛을 사로잡고 있는 곳이다.

대표 메뉴는 능이와 전복을 함께 넣어 영양과 맛을 모두 잡은 능이전복삼계탕과 기운을 북돋워주는 녹두와 산삼이 들어간 녹두산삼삼계탕이다. 특히 국보삼계탕에서는 삼계탕 속을 찹쌀 100%로 채워 마지막까지 따뜻하고 찰기 있게 삼계탕을 즐길 수 있다. 찹쌀은 제대로 맛을 내려면 오랫동안 끓여야 하기 때문에 쉽지 않지만, 고객이 만족할 수 있는 맛을 내기 위해 노력하고 있다. 어떤 삼계탕 맛집과 비교해도 푸짐함을 자랑하는 국보삼계탕은 닭뿐만 아니라 반찬에서 빛을 발한다. 일반적으로 깍두기와 풋고추를 제공하지만 국보삼계탕은 제철 채소를 이용한 장아찌 3종과 샐러드로 영양

넉넉한 능이버섯과 큼직한 전복이 들어간 능이전복삼계탕과 기력회복에 좋은 녹두산삼삼계탕이 인기 있는 국보삼계탕. 언제 누가 와도 만족할 수 있는 매장을 만들기 위해 노력하고 있다.

과 함께 상큼함을 잡았다. 특히 애피타이저로 먹을 수 있는 샐러드는 젊은 고객들에게 좋은 반응을 얻을 수 있었다.

국보삼계탕과 국보반상을 함께 운영하고 있는 김경남 대표의 운영 철학 중 하나는 '내가 가고 싶은 가게'를 만드는 것이다. 고객이 적은 시간이라고 해서 냉난방기와 불을 끄지 않는 것은 물론 매장에 텔레비전을 놓지 않아 직원들이 오롯이 고객에게만 집중할 수 있도록 하고 있다. "고객이 오면 그제야 매장을 정비하는 것은 고객을 제대로 응대하는 것이 아니라고 생각한다. 언제나 고객맞이가 준비된 매장을 운영하기 위해 작은 부분도 노력하고 있다"고 말하는 김 대표는 앞으로도 언제나 매장 안팎에서 고객 응대에 최선을 다하고, 국보삼계탕의 맛과 영양을 모두 지켜나가고 싶다고 밝혔다.

고품질 고품격 한우 암소 정육식당
김해한우(김해축산).

📍 경상남도 김해시 대동로 15 📞 055-335-4700
🍴 신선한우 100g 9333원부터~, 한우특수부위 100g 1만3800원부터~, 1인 상차림 6천원(어린이 4천원)
점심특선 한우암소국밥 1만원, 육회비빔밥 1만2천원, 능이갈비탕 1만6천원

김해한우는 김해도축장의 당일 도축한 1⁺ 등급 이상의 한우 암소를 반도체로 가져와 직접 해체해 다양한 특수부위를 저렴하게 선보이는 식육식당이다. 최상급의 암소는 꽃등심, 갈비살, 부채살, 낙엽살 등 부위별로 섬세하게 제공한다. 김해한우는 김해에서 2004년 개업한 한우암소갈비 맛집 백프로갈비의 가족점이다.

김해한우는 지난 2017년 4층 건물을 새로 지어 쾌적한 분위기를 자랑한다. 특히 식품의약품안전처의 음식점 위생등급 평가에서 별 3개(매우 우수)를 획득할 정도로 위생과 청결, 안전에 철저하다. 1층에 위치한 김해축산은 정육과 육류 및 한우국, 곰탕, 떡갈비 등 다양한 HMR 제품을 판매하고 있다. 1층에서 부위별 고기를 골라서 1차로 계산하고, 2층으로 올라가면 기본 상차림이 제공되는데 김해한우 인근 김해평야에서 생산되어 직거래한 신선한 농산물로 구성한 상차림이 예사롭지 않다. 대저의 열무김치와 대저토마토샐러드, 명지의 대파김치, 대동면의 부추와 칠산의 상추로 만든 채소겉절이, 김해 인근 수산물과 김해 특산품들로 담근 장아찌 양파절임 등으로 구성된 한 상은 모두 주인장이 직접 만든 음식이다. 맛과 담음새가 조화로운 상차림에 신선한 소고기를 청동으로 엮은 석쇠 위에 한 점 한 점 구워 먹는 숯불구이의 맛이 일품이다. 고기를 먹고 난 후에는 수제냉면, 한우된장, 한우육회비빔밥, 바싹누룽지숭늉 등 취향에 따라 든든한 식사까지 마무리할 수 있다. 고기로 배를 채운 뒤에도 술안주가 아쉽다면 한우된장찌개에 밥을 비비면 술안주 겸 식사로도 훌륭하다.

품질 좋은 한우를 저렴하게 제공하다 보니 가족 모임, 직장인 회식은 물론 어린이 놀이방이 있어 젊은 부부들도 아이들과 함께 와서 편하게 식사할 수 있어 인기다.

김해도축장에서 잡은 신선한 1⁺ 등급 이상의 한우 암소 특수부위를 저렴하게 맛볼 수 있다. 원육의 신선함이 최고의 자랑이며 육질이 부드럽고 마블링이 좋아 고소하다.

돌판에 끓여 먹는 경상도식 찜닭의 매력
깡돌찜닭.

📍 창원시 성산구 용지로169번길 11-19 (용호빌딩) 2층　📞 055-264-2289
🍴 깡돌찜닭·깡돌고추찜닭 小 2만5천원·大 4만5천원, 깡돌닭도리탕 小 2만8천원·大 4만5천원, 닭보쌈 小 3만2천원·大 4만5천원, 깡돌묵은지찜닭(小) 2만8천원, 닭보쌈정식 9천5백원, 비빔막국수세트 9천원

찜닭이라고 다같은 찜닭이 아니다. 창원에 위치한 깡돌찜닭은 주방에서 1차 조리한 닭요리를 깡돌(단단한 돌이라는 경상도 사투리)에 올려 테이블에서 따뜻하게 끓이면서 먹고 난 후 밥을 볶아먹는 콘셉트다. 대표 메뉴는 기본 간장 맛의 깡돌찜닭과 찜닭 위에 치즈를 눈처럼 뿌린 깡돌치즈찜닭, 고추장을 베이스로 매콤한 맛의 깡돌고추찜닭, 묵은지를 통으로 넣은 깡돌묵은지찜닭, 매콤한 국물 맛이 일품인 깡돌닭도리탕 등이다. 모든 닭요리는 직접 개발한 비법 양념으로 맛을 내고 상차림은 계절 따라 샐러드와 장아찌, 밑반찬을 다양하게 구성하고 있다.

2003년 오픈해 올해로 20년이 된 깡돌찜닭도 원래는 일반적으로 볼 수 있는 안동찜닭으로 시작했다. 이후 여러 찜닭 프랜차이즈 브랜드가 우후죽순으로 생겨나자 프랜차이즈가 따라올 수 없는 고유의 전통을 살리면서 이곳만의 비법을 더한 독자적인 닭

깡돌찜닭은 고유의 전통을 살리면서 비법을 더해 개발한 독자적인 닭요리를 깡돌에 끓이면서 먹는 콘셉트의 20년 전통 찜닭전문점으로 창원의 대표 맛집이다.

요리를 개발해 창원의 대표적인 맛집으로 자리매김했다. 특히 창원은 유동 인구가 많아서 유행에 민감한 특성상 대부분의 음식점이 오랫동안 유지되기가 힘든 가운데 닭요리하면 깡돌찜닭이라는 차별화된 음식점으로 인식되고 있다.

깡돌찜닭은 최근 신메뉴로 닭보쌈을 선보였다. 닭보쌈은 닭다리살을 찜솥에 1차로 찐 후 그릴에 한 번 더 구워 속은 촉촉하고, 껍질은 꼬들꼬들하면서 바삭한 식감이 매력적이다. 닭보쌈에는 배추보쌈김치, 무김치와 당근, 오이, 양배추, 꼬시래기 등 채소류와 쌈채소, 메밀배추전, 3가지 소스가 함께 제공돼 사계절 건강식으로 인기다.

깡돌찜닭은 코로나19 이후 테이블 수를 26개에서 15개로 줄여 쾌적하게 식사할 수 있도록 점포 리모델링을 하는 등 고객들에게 건강하고 맛있는 음식을 즐길 수 있도록 신경을 쓰고 있다.

30년 전통, 100년을 이어갈 삼계탕 전문점
대가삼계탕.

📍 경상남도 창원시 마산합포구 자산삼거리로 24   📞 055-241-6062
🍴 한방삼계탕 1만8천원, 참옻삼계탕 2만2천원, 전복삼계탕 2만6천원, 한방오골계탕 2인 5만8천원
　 대가네닭강정 2만2천원, 영계후라이드 2만원

70년 된 한옥에서 30년째 운영되고 있는 대가삼계탕은 창원에서 이름만 대면 누구나 아는 맛집이다. 대표메뉴는 한약 재료와 곡물을 듬뿍 넣어 진한 맛을 내는 한방삼계탕과 옻이 오르지 않는 100% 참옻으로 맛을 낸 참옻삼계탕이다.

삼계탕은 10가지 한약 재료를 넣어 8시간 끓인 육수를 사용해 풍미가 깊고, 넉넉한 크기의 닭을 사용해 맛있고 알찬 보약 같은 한 끼다. 삼계탕에 들어가는 각각의 재료는 최고급으로 사용하고 있으며, 함께 제공되는 반찬도 경남 지역에서 생산된 신선한 채소를 사용한다.

대가삼계탕은 연령대별 선호도를 반영해 다양한 종류의 닭요리를 제공하고 있다. 삼계탕은 물론 닭강정과 치킨후라이드, 닭만두 등을 선보여 어린이부터 노인까지 다양한 고객층의 니즈를 충족시키고 있다. 닭강정과 후라이드는 안주용으로도 인기다.

대가삼계탕은 정성스럽게 관리된 한옥에서 운영되고 있어 분위기도 특별하다. 맛과 분위기를 제대로 느낄 수 있는 만큼 창원시 명품맛집, 중소벤처기업부 '백년가게' 등에 선정돼 전국 맛집으로도 인기를 얻고 있다.

'보양식 같은 음식을 만든다'는 장인 정신의 조용덕 대표는 다양한 음식대회에 출전해 수상을 하는 등 삼계탕에 대한 열정이 남다르다. '백년가게'에 선정된 업소인 만큼 현재는 두 자녀가 함께 매장 운영을 도우면서 대를 이을 채비를 갖추고 있다.

오랜 연구 끝에 2022년부터는 삼계탕 밀키트를 출시, 온라인으로 전국에 판매하고 있어 직접 방문하지 않아도 대가삼계탕의 맛을 경험할 수 있다. 앞으로도 대가삼계탕은 창원은 물론 전국에서 찾아오는 고객의 기대에 부응하며 100년을 이어 나가는 매장이 되는 것이 목표다.

진한 맛을 내는 한방삼계탕과 참옻으로 전통의 맛을 살린 참옻삼계탕이 대표 메뉴. 삼계탕 외에도 닭강정, 후라이드 등이 있어 모든 연령대의 고객 니즈를 맞추고 있다.

1959년부터 오늘까지, 代를 이어가는 멸치국수
대동할매국수.

📍 경상남도 김해시 대동면 동남로45번길 8   📞 055-335-6439
🍴 국수(보통) 6천원·(곱빼기) 7천원, 비빔국수(보통) 7천원·(곱빼기)8천원, 유부초밥 4천원

김해 대동면은 낙동강변에 위치해 있어 육상과 해상 교역의 요충지로 밀 유통이 활발했고, 습도가 적당해 국수 공장이 발전한 곳이었다. 낙동강 마지막 강줄기 강변에 위치한 대동할매국수는 1959년 1대 주동금 대표가 대동면 5일장에서 국수를 팔기 시작, 진한 멸치국수의 전통을 한평생 지켜오다 2017년 조카 주징청 대표에게 대물림해 2대째 대를 이어오고 있다.

예나 지금이나 변치 않는 국수 맛으로 고객 발길이 끊이지 않는 대동할매국수의 메뉴는 단순하다. 국수와 비빔국수, 유부초밥이 전부이다. 코로나19 시기에 주 대표가 고객들의 다양한 입맛을 만족시키기 위해 비빔국수와 유부초밥을 개발해 추가했고, 그 이전에는 오로지 국수 한 가지만 있었다. 국수는 자연 건조해 부드럽고 쫄깃한 구포국수 중면을 사용하고, '멸치 곰국'으로 불리는 진한 육수는 남해산 멸치를 잘 말려 대가리를 떼지 않고 통째로 우려내 끝맛이 쌉싸름 하지만 애주가들에게는 해장음식으로, 국수 마니아들에게는 별미 음식으로 두루 사랑받고 있다. 고명은 김해 로컬 농산물인 부추(정구지)와 단무지, 김가루, 깨소금, 청양초를 듬뿍 올려 내 옛 오일장 추억의 맛을 듬뿍 담았다. 특히 멸치 곰국은 주전자에 담아 따로 제공하는데, 비빔국수로 먼저 즐기다가 육수를 부어 물국수로 먹는 것이 이곳 국수를 제대로 즐기는 방식이다.

대동할매국수는 대동면의 상권 형성에도 기여했다. 국수를 먹기 위해 전국에서 수많은 사람들이 몰리면서 국숫집이 여럿 생겨났고, 일대가 국수거리로 지정되는가 하면 카페촌까지 형성됐다. 한편 대동할매국수는 지난 2019년 김해에서는 최초로 중소벤처기업부가 선정한 '백년가게'에 지정된 것은 물론 2022년 중소벤처부장관상 수상, 2023년 문화체육관광부장관상을 수상했다.

대동할매국수를 대물림한 주징청 대표는 백년대계(百年大計)를 목표로 끊임없이 음식 공부에 매진하는 것은 물론 수익의 사회 환원을 통해 지역사회에 선한 영향력을 미쳐 초록우산 회장 감사패를 수상하기도 했다.

화덕에 구운 생선구이 맛집
도감어가.

📍 경남 거창군 위천면 금원산길 166   📞 055-942-2295
🍴 구이물회세트 1인 2만5천원(최소 2인 주문), 물회정식 1인 1만9천원(최소 2인 주문)
　도감한상 1만9천원(최소 2인 주문), 전복물회(大) 3만5천원, 산양삼 화덕고등어구이 1만2천원

경남 거창 수승대 인근에 위치한 도감어가는 화덕에 구운 생선구이 맛집으로 유명하다. 제주산 참고등어를 비롯해 가자미, 참돔, 바다 대구, 백조기, 광어 등 계절에 따라 3종류의 생선을 500℃ 피자 화덕에 구워낸다. 생선은 거창 특산품인 산양산삼으로 숙성한 후 화덕에 구워 겉은 바삭하고 어즙을 가둬 속은 촉촉할 뿐만 아니라 비린내가 전혀 나지 않는다.

도감어가는 산골이지만 생선구이와 함께 물회를 주력 메뉴로 한 것도 이채롭다. 근처 대부분 외식업소들이 육류 위주의 메뉴로 선보이고 있지만 역발상으로 생선과 물회로 승부수를 띄워 현지인은 물론 관광객들의 입맛까지 사로잡았다.

생선구이와 물회를 메인으로 하는 구이물회세트는 생선을 선호하지 않는 고객의 입맛까지 고려해 제육볶음과 직접 담근 된장과 청국장을 배합해 꽃게를 넣고 끓인 찌개, 솥

밥을 함께 제공한다. 곁들이는 모든 찬은 40년 동안 '다우리밥상'을 운영해 온 이도감 대표의 어머니 김권하 여사의 손맛을 더했다. 고춧잎무침, 알감자조림, 고사리볶음 등 나물류와 간장꽃게장과 양념꽃게무침, 고추다짐, 명란젓 등 12가지 찬을 유기그릇에 정갈하게 담아내 대접받는 느낌이다.

음식은 물론 업소의 분위기도 고객의 마음을 사로잡았다. 한식당이지만 매장에 들어서면 대형 샹들리에와 피자집에서나 볼 수 있는 화덕이 한눈에 들어와 마치 서양식 레스토랑에 들어온 듯한 분위기를 자아낸다. 매장 뒤편으로 아름다운 테라스가 조성돼 있어 식후 차를 마시거나 담소를 나누고, 산책을 할 수도 있다.

무엇보다 음식에 진심인 이곳 이도감 대표는 "딸이 4명인데 항상 이 음식을 먹는다"며 "내 가족이 안심하고 먹는 만큼 까다로운 젊은 엄마들을 만족시킬 수 있도록 최선을 다하겠다"고 말한다. 주말 점심에는 웨이팅이 1~2시간 길어지는 만큼 예약은 필수다.

거창 산골에서 즐기는 생선구이와 물회 한상. 산양산삼으로 숙성한 생선을 500℃ 피자 화덕에 구워내 담백하다.

발효음식의 명가에서 맛보는 장아찌 밥상
도리원.

📍 경상남도 창녕군 영산면 온천로 103-25   📞 055-521-6116

🍴 돼지삼겹+가마솥밥 1인 1만7천원, 소고기 갈비살+가마솥밥 1인 2만5천원, 메밀섞어막국수 9천원
유황오리훈제+가마솥밥 2인 4만원, 오리탕+가마솥밥 2인 4만원, 가마솥밥정식 1만2천원

우포늪, 화왕산, 부곡온천 등 경남을 대표하는 관광지를 배후에 두고 있는 도리원은 제철 장아찌와 약초 장아찌 밥상을 맛볼 수 있는 전통 맛집이다. 대표메뉴는 명이, 매실, 콩잎, 마늘쫑, 양파 등 7가지 장아찌와 가마솥밥을 기본으로 오리훈제, 돼지삼겹살, 소고기, 오리탕 등 일품 메뉴를 곁들인 밥상이다. 가장 인기가 많은 유황오리훈제+가마솥밥은 훈제한 유황오리를 테이블에서 직접 구워 먹도록 했는데 부드러우면서도 육즙이 풍부하고, 씹을수록 고소해 건강 보양식으로 많이 찾는다. 쌈 채소는 식당 뒤 텃밭에서 직접 재배해 사용하고, 코다리조림과 된장찌개, 겉절이, 계절 찬 등을 곁들여낸다. 최근에는 콩나물장아찌를 개발해 상에 내고 있다.

도리원 장아찌 밥상이 유명한 이유는 이곳 권수열 대표의 장아찌 관련 이력 때문이기도 하다. 2006년 약초장아찌로 농림부 신지식농업인상 수상을 비롯해 청와대에 장아

도리원은 장아찌 명인이 만든 제철 장아찌와 약초 장아찌 밥상을 기본으로 건강한 향토음식을 맛볼 수 있는 전통 맛집이다.

찌를 납품했었다. 또 2007년에는 문화관광부 지정 '한국을 대표하는 음식점 100선'에 선정되는 등 장아찌 밥상으로 특화된 향토음식점이기 때문이다.

특히 오랜 연구로 개발한 '맛소스'는 간장을 끓이지 않고 원재료에 부어만 놓으면 장아찌가 만들어져, 최근에는 일반 소비자는 물론 해외 수출 물량이 끊이지 않고 있다. 맛소스와 장아찌는 도리원 맞은편에 HACCP 인증을 받은 제조 공장을 설립해 생산하고 있다. 식사 고객들은 식후 전시 판매장에 들러 장아찌와 맛소스, 젓갈류, 매실 원액 등을 구입할 수 있다. 한편 도리원은 2002년 대형 주차공간을 갖춘 전통 한옥을 지어 식당으로 활용하고 있으며, 장아찌 담그기 체험 프로그램을 통해 발효식품인 장아찌 대중화에 힘쓰고 있다.

제철 해산물을 합리적인 가격에 즐기다
바다품은식당마켓.

📍 경상남도 진주시 도동로248번길 5   📞 0507-1374-0346
🍴 바다품은 조개전골 3만원대~, 해산물 1만원대~, 활랍스터 3만원대~, 도독꽃새우 5만원대~

바다품은식당마켓은 제철 해산물을 전문으로 취급하는 곳이다. 매일 새벽 계절에 따라 전국 산지에서 선별 수급한 다양한 바다생물을 합리적인 가격에 선보이고 있다. 특히 독도꽃새우는 수요와 공급의 불균형으로 365일 납품이 가능한 업체는 대한민국에서 몇 안 되는데 그 가운데 한 곳이 바다품은식당마켓이다.

대표메뉴인 바다품은조개전골은 크고 싱싱한 생물 조개와 랍스터가 냄비 가득 나와 시선을 강탈한다. 바지락, 키조개, 백골뱅이 코끼리조개, 대합, 홍합, 고동 등 조개류는 만 하루 동안 해감해서 손 세척과 기계 세척, 이물질 제거를 거친 후 폐사한 조개를 골라내고 마지막으로 한 번 더 손 세척 후 조리한다. 전골에는 살아있는 랍스터를 통째로 넣어 끓이는데 탱글탱글한 식감은 물론 육즙이 입안을 가득 채운다. 해산물을 골라 먹은 후에는 새싹보리·단호박·파프리카즙을 넣어 뽑은 삼색 칼국수 사리를 넣어 끓여 먹으면 포만감이 절로 든다.

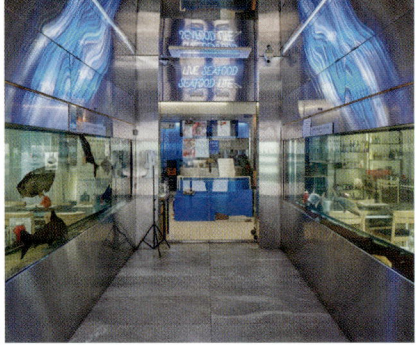

조개전골, 제철해산물, 갑각류를 전문으로 하며 신선도를 최우선으로 한다. 점심에는 가마솥밥 제철 생선구이정식도 맛볼수 있다.

겨울철에는 새조개샤브샤브, 여름철에는 하모샤브샤브 등 계절따라 메뉴도 변화무쌍하다. 제철 해산물과 활어회를 기본으로 킹크랩, 랍스터, 산낙지, 산오징어, 매운탕, 해물라면, 꽃새우튀김 등을 선보이고 있다. 메뉴의 퀄리티나 분위기는 최고를 지향하지만 가격이나 메뉴 구성은 포차처럼 문턱을 낮춘 바다품은식당마켓은 2013년에 오픈했던 23평 규모의 '맛잡이해물천지' 포차가 전신이다. 그 후 2015년 바다품은식당마켓으로 상호를 변경했고, 2020년 화재로 매장이 전소되면서 약 100평 규모로 확장 이전했다. 바다품은식당마켓은 매장으로 들어가는 입구에 아쿠아리움 수족관을 조성해 볼거리를 제공한다. 수족관에는 세계 유일의 담수 거북이인 돼지코거북이와 관상어 중 최고가를 자랑하며 중국에서는 부의 상징으로 여겨 '금용'이라고 불리는 멸종위기 어종인 아시안 아로와나 등 희귀 바다생물이 있어 어린이를 동반한 가족 고객들도 많이 찾는다.

한우 암소의 풍부한 육즙, 고소한 풍미
백프로갈비.

📍 경상남도 김해시 활천로186번길 28 (어방동)　📞 055-335-0900

🍴 암소갈비살 100g 2만9천원, 갈비꽃살&갈비안창살 100g 3만9천원, 양념갈비살 100g 2만9천원, 생갈비 (예약), 한우육회 200g 2만8천원, 한우암소국밥 1만원, 한우육회비빔밥 1만2천원, 능이갈비탕 1만6천원

백프로갈비는 김해 도축장에서 도축한 암소 중에서도 1^{++} 등급의 최상급만 제공하는 김해를 대표하는 고깃집이다. 2004년에 오픈한 이후 가족 외식 고객 등 지역민은 물론 김해를 찾는 방문객들도 높은 소고기 품질에 대한 신뢰로 발길이 끊이질 않고 있다. 대표메뉴인 갈비꽃살과 갈비안창살은 마블링과 결이 살아있는 육질이 한 눈에 보일 정도로 신선도가 으뜸이다. 참숯불에 한점씩 올려 구워 먹는 소고기는 입 안에 넣는 순간 풍부한 육즙과 부드러운 육질, 고소한 풍미가 가득하다. 첫 한 점은 소금에 찍어서 먹고, 두 번째는 쌈장 또는 생와사비 등 취향에 따라 즐기면 된다. 곁들인 찬들도 하나같이 고기의 맛을 더욱 풍부하게 해준다. 직접 담가 숙성시켜 낸 대파김치는 소고기와 찰떡궁합이고, 양배추에 다시마, 꼬시래기 등 해초를 올리고 잘 구운 소고기 한 점 올린 다음 멸치젓갈을 더해 한 쌈 먹으면 바다의 맛과 육지의 맛이 한데 어우러지면서 하모니를 이룬다. 깔끔한 백김치, 새콤달콤한 해초냉채, 채소겉절이도 맛깔스럽다.

이곳 조현열 대표는 "고기의 신선도가 높고, 최상급 품질의 소고기만 사용하기 때문에 원육에 대한 자신감만큼은 누구에게도 뒤지지 않는다고 자부한다"며 "백프로갈비 상호도 고기뿐만 아니라 서비스 등 모든 면에서 100% 만전을 기하겠다는 다짐에서 비롯됐다"고 말했다.

백프로갈비는 건물 자체도 독특하다. 각각 방갈로 형태의 독립된 룸으로 이뤄진 별관은 가족 등 소규모 모임 고객들의 1순위다. 본관에도 룸 형태의 1층 공간과 다양한 규모의 연회를 할 수 있는 2층으로 구성돼 있다. '백프로 만전을 기하겠다'는 다짐으로 어느새 20년이라는 업력이 쌓인 진짜 맛있는 고기를 먹을 수 있는 김해맛집이다.

최고 품질의 고기뿐만 아니라 서비스 등 모든 면에서 100% 만전을 기하겠다는 다짐으로 상호도 백프로갈비로 했다.

한 상 가득 제철 삼천포를 만나다
삼천포정서방.

📍 경상남도 사천시 진삼로 269   📞 055-835-5349
🍴 화덕숯불생선구이정식 1만8천원, 해물조개 샤브샤브 2인 6만6천원, 해물전복물회 2만3천원(특 3만5천원)

삼천포정서방은 청정한 삼천포 바다와 비옥한 땅에서 자란 곡식, 채소 등 삼천포에서 난 것들로 건강한 밥상을 차려내는 곳이다. 어부 아버지가 삼천포 앞바다에서 잡아 온 생선은 화덕에 구워 풍미 작렬하고, 지역 햅쌀로 매생이 가마솥밥과 취나물바지락 솥밥을 지어 미역국에 숯불 불고기, 양념게장, 꼬막장, 제철 전과 함께 찬을 제공해 풍성한 식탁이 완성된다.

대표메뉴인 화덕숯불생선구이정식은 제철 생선을 480℃ 화덕에서 굽고, 숯불에 또 한 번 구워 겉은 바삭, 속은 촉촉한 식감을 자랑하며 숯향까지 은은하다. 생선은 고등어, 가자미, 바닥 대구를 기본으로 주문자 수에 따라 조기, 꽃돔, 서대 등이 추가된다. 여기에 해물전복물회, 해산물모듬 등 단품 메뉴를 더하면 더할 나위 없는 진수성찬이다. 해물조개샤브샤브는 고등어구이와 전복, 가리비, 고동, 낙지 등 물오른 제철 해산물과 소고기, 칼국수, 죽까지 제공된다.

삼천포정서방에서는 제철 건강밥상 외에도 '오늘의삼천포'를 만날 수 있다. 이곳 정현 대표가 대대로 나고 자란 삼천포를 전국에 알리겠다는 포부를 갖고 '오늘 가장 물오른 해산물과 농산물을 선보이겠다'며 야심차게 만든 브랜드다. 매장 한쪽 벽면 전체에 마련된 냉장고에는 건어물, 반건조 생선, 해조류를 비롯해 젓갈, 반찬, 디저트, 음료 등 다양한 제품을 판매하고 있다. 반건조 생선은 점차 수요가 많아져 최근 CK센터를 준공하고 본격적인 완제품 생산에 돌입했다. 이 외에 건어물, 김, 미역, 요거트 등 지역 내 중소가공업체들과 협업해 삼천포산으로 판매 종류를 늘려가고 있다.

주말에는 매장 앞에 마련된 주말 장터에서 다양한 지역 농산물을 구입할 수도 있다.

어부 아버지가 삼천포 앞바다에서 잡아 온 생선을 삼천포의 아들 정서방이 화덕에 1차 굽고, 숯불에 2차로 구워 누구도 따라올 수 없는 제철 밥상을 차려내고 있다.

수제 순대로 만든 국밥과 순대전골
수백당.

📍 경상남도 김해시 인제로 109 1층 📞 0507-1309-5554
🍴 순대국밥 9천원, 수백당순대 1만원, 마늘수육 1만2천원, 수백당곱새 1만6천원, 수백당곱새 세트(수백당곱새+마늘수육+순대) 2만원, 한우대창 수백당곱새 세트(한우대창) 2만2천원

순대전문점 수백당은 수제 순대의 맛을 온전히 즐길 수 있는 프랜차이즈 브랜드다. 이곳 손세원 대표가 전국의 국밥 맛집 96곳을 직접 발품을 팔며 오랫동안 메뉴 개발 끝에 내놓았다.

수백당 순대국밥은 돼지국밥을 좋아하지 않는 이들도 선뜻 선택하는 국밥 맛집으로 이름을 널리 알리고 있다. 국내산 돼지뼈를 오랫동안 고아 내 누구나 부담 없이 즐길 수 있도록 만든 순댓국과 마늘 소스가 올라간 수육백반은 수백당의 기본 메뉴다. 특히 순대국밥을 먹으러 왔다가 수백당곱새에 홀려 순대전골 마니아가 된 고객도 다수다. 순대전골은 수백당의 수제순대와 함께 한우대창이 들어가 특별한 맛과 풍미로 수백당 매출의 70%를 차지한다.

지난 2009년 부산 변두리 모라동에서 테이블 5개의 작은 돼지국밥집으로 시작해 전국적으로 100여 개 가맹점을 보유한 프랜차이즈 브랜드로 성장한 수백당. 당초 프랜

수백당이 전국구 브랜드로 자리매김한 비결은 국내산 돼지등뼈로 만든 순대전골, 순대국밥, 수백당곱새 등 메뉴의 퀄리티와 밀키트 제품 경쟁력이 입소문 나면서 확실한 눈도장을 찍었다.

차이즈를 염두에 두고 개발한 브랜드가 아닌 맛집으로 입소문 나 프랜차이즈 사업을 펼치게 된 만큼 어느 상권에 들어가더라도 뿌리를 내리고 지역 맛집으로 자리매김하고 있다. 수백당이 고객들에게 사랑받는 것은 수제 순대로 만든 시그니처 메뉴 순대전골과 국밥 레스토랑으로서의 품위, 유행을 타지 않는 순대국밥 등 삼박자가 조화롭게 갖춰져 있기 때문이다. 이와 함께 1년 2개월간 개발한 돼지국밥과 순댓국 등의 밀키트 상품이 코로나19 시기와 맞물려 폭발적인 인기를 불러왔고 네이버 스마트스토어에서 1등을 수성할 정도로 수백당의 국밥이 전국적으로 회자 되는 등 유명세가 가속화됐다. 밀키트 제품이 대부분 가격경쟁에만 치우치던 것에 반해 국내산 돼지등뼈로 만든 시원한 해장 육수와 히말라야 핑크 소금의 감칠맛, 동그란 냄비 모양으로 특허출원까지 받은 신박한 포장 용기의 개발 등 어느 하나 디테일하지 않은 것이 없다.

양산을 대표하는 고품격 한정식
종정헌.

📍 경상남도 양산시 동면 석산3길 12   📞 055-366-3373
🍴 영광법성포보리굴비정찬 3만원, 능이버섯불고기정찬 2만5천원, 종정헌정찬 4만원
　상견례·잔치정찬 5만5천원, 7만7천원

보리굴비를 기본으로 코스메뉴를 선보이는 종정헌은 단아한 상차림과 정성 가득 담은 음식으로 양산 일대 한정식의 대표주자로 손꼽히는 곳이다. 2014년 '산삼마루한' 상호로 한정식을 선보이다가 '종정헌'으로 상호를 변경한 후 최근 매장 리모델링을 통해 이전보다 더욱 쾌적하고 고급진 분위기에서 비즈니스, 회식, 가족 모임, 각종 연회 고객을 맞이하고 있다.

대표메뉴는 영광법성포보리굴비정찬과 능이버섯불고기정찬, 종정헌정찬 그리고 상견례 및 각종 연회 메뉴가 있다. 인기 메뉴인 보리굴비정찬은 매장에서 직접 손질한 굴비를 소금 누룩으로 간해 비린내를 잡고 오븐에 구워 쫀득하고 고소한 감칠맛이 일품이다. 살얼음을 동동 띄운 차가운 녹찻물에 뜨거운 돌솥밥을 말아 보리굴비 한 점 올려 먹으면 녹차의 향긋하면서도 보리굴비의 짭조름한 맛이 배가되어 이곳의 진가를 알게 한다.

종정헌의 진가는 기본 물과 찬에서도 엿볼 수 있다. 해죽순과 우엉차를 끓인 물을 제공하고, 모든 음식은 주문 즉시 직접 만든다. 보는 것만으로도 대접받는 기분을 들게 하는 상차림은 2번으로 나눠 제공하는데 샐러드와 우엉튀김, 잡채 등 전채요리가 먼저 나간 다음 보리굴비와 돌솥밥, 된장찌개, 찬류가 제공된다. 샐러드 소스는 직접 농사지은 단감 소스로 달콤함을 더하고, 오렌지소라냉채는 매콤달콤새콤한 맛이 식욕을 돋운다.

종정헌은 2022년에 이어 2023년에도 한식의 자존심을 지키는 '양산맛집'으로 선정된 양산시 공인 맛집이다. 8인부터 100여 명까지 수용이 가능한 룸과 홀 좌석, 넉넉한 주차공간까지 갖춰 이용에 불편함이 없다.

양산맛집 종정헌의 보리굴비는 매장에서 맛을 본 후 구매로 이어지는데 선물용 세트로 인기다. 직접 담근 매실장아찌, 보리굴비장아찌도 인기 상품.

거제 바다의 해물로 빚은 거제냉면
하면옥.

📍 경상남도 거제시 연초면 연하해안로 320　📞 010-6307-7774
🍴 물냉면(中) 1만1천원, 비빔냉면(中) 1만2천원, 물비빔냉면(中) 1만2천원, 갈비탕 1만4천원, 육전 1만5천원 수제고기만두 7천원, 수제전복떡갈비 1만8천원

거제 조선소로 가는 길목에 위치한 하면옥은 육전과 화려한 고명의 거제냉면을 선보이고 있다. 해물 육수의 심심한 맛을 베이스로 한 거제냉면은 식초와 겨자 없이 먹어야 순수한 바다 육수의 깊은 맛을 느낄 수 있다. 맵고 짠맛을 선호하는 경상도 바닷가 주민들에게는 말 그대로 호불호가 강한 음식이기도 하다.
대표메뉴인 물비빔냉면은 비빔냉면에 물냉면 육수를 잘박하게 넣어 매콤새콤하면서도 시원하게 즐길 수 있어 인기다. 면은 강원도산 메밀을 천일염과 정제수에 8번 이상 씻어 반죽과 숙성을 거쳐 뽑아내고, 해물 육수는 10여 가지 해산물을 48시간 우려내 감칠맛과 시원한 청량감을 추구했다. 비빔냉면과 함께 먹으면 찰떡궁합인 육전, 수제만두, 야들야들 씹는 맛과 담백한 국물이 일품인 갈비탕, 한우국밥, 매콤달콤한 양념의 소갈비찜도 인기 메뉴다.
하면옥은 고객의 80% 이상이 거제시민이 찾는 업소임에도 불구하고 오전 11시 오픈에 맞춰 오픈런이 일어날 만큼 거제를 대표하는 맛집 중 하나다. 그 이유는 '공간이 주는 힘'이 있기 때문이다. 거제에서는 보기 드문 초대형 업장으로 시내가 아닌 외곽에 있지만 대형 주차장과 대기 공간 등이 잘 갖춰져 있고, 공간마다 고객의 마음을 끌어당기는 분위기가 다른 업소와의 비교를 불허한다. 코로나19를 거치면서 위생과 청결이 더욱 중요해진 만큼 쾌적한 분위기 등 외식 공간 자체가 고객의 마음을 움직이는 요소가 되고 있다. 이곳 하대영 대표는 거제해산이라는 법인을 설립, 하면옥 외에 해산물칼국수를 메인으로 하는 만선호해물칼국수와 만선호파스타, 카페 오비리 등 다수의 외식 브랜드를 운영하고 있다.

10여 가지 해산물을
48시간 우려 낸
해물 육수,
강원도 봉평 메밀로
직접 뽑은 메밀면에
육전을 올려
거제냉면을 완성했다.

100% 생물로 만드는 제철 별미 한 상
하수진보배밥상

📍 경상남도 김해시 내덕로4번길 7-18   📞 055-337-1122

🍴 봄·여름 별미 물회 1만8천원, 장어탕 1만5천원, 가을·겨울 별미 아귀탕 1만5천원, 생대구탕 1만8천원
식사 메뉴 생선구이 1만5천원, 고등어쌈밥 1만원, 안주 자연산 계절회 시가, 문어조림 시가

보배같이 영양가 높은 해산물 메뉴를 주로 제공하는 하수진보배밥상은 제철 생물을 사용해 고객들이 먼저 알아주는 숨은 맛집이다. 거제에서 매일 공수해 오는 생물을 쓰다 보니 계절마다 메뉴가 조금씩 달라지는데 봄과 여름에는 물회와 장어탕, 가을과 겨울에는 아귀탕, 생대구탕, 그리고 계절에 상관없이 제철 생선을 쓰는 생선구이가 특히 인기 있다.

회, 문어숙회, 장어조림 등은 그때그때 가격이 달라지며, 쫄깃한 문어의 식감을 적당한 간의 양념으로 조리한 문어조림이 특히 인기 있다. 실제로 서울 등 멀리서 온 고객들은 한 마리를 통째로 조리한 문어조림을 처음 접하고 맛과 비주얼에 깜짝 놀라 다시 찾아오는 경우도 종종 있다. 생물만 취급하니 맛이 뛰어날 수밖에 없다.

여름 별미인 물회도 채소만 가득한 것이 아니라 회가 충분히 많이 들어 있어 맛있게

거제도에서 매일 공수하는 100% 생물로 요리하고 있다. 계절별 메뉴가 달라지며 물회, 생대구탕 등이 철마다, 문어조림은 1년 내내 사랑받고 있다.

먹을 수 있으며, 소면을 넣어서 먹으면 한 끼 식사로 손색이 없다. 반찬에 사용되는 채소들도 직접 재배해 신선함이 가득하다. 무엇보다 반찬, 별미 메뉴, 식사 메뉴 모두 밥 없이 먹어도 괜찮을 정도로 간이 딱 좋다는 것이 단골 고객들의 평가이기도 하다.

하명희 대표는 '내 가족이 먹는 것처럼'을 모토로 해산물도 농산물도 모두 신선하고 안전한 재료를 쓰고 있다. 일부러 설명하지 않아도 고객을 생각하는 마음이 음식의 맛에서 느낄 수 있어 한 번 방문한 고객들의 재방문이 이어지고 있다.

"가끔 냉동을 쓰는지 물어보시는 분들이 있는데 우리는 100% 생물만 쓰니 믿고 방문해도 된다"고 말하는 하 대표는 지금처럼 신선한 계절별 별미 음식을 제공해 고객들로부터 '믿고 먹는 하수진보배밥상'이라는 소리를 듣고 싶다고 말했다.

3대를 잇는 장어구이 명가
향옥정。

📍 경상남도 김해시 김해대로 2787-19   📞 055-336-6283
🍴 선암장어 200g 3만2천원, 향옥장어 300g 4만2천원, 메기매운탕 小 3만원·中 4만원·大 5만원

김해 불암동 맛집으로 유명한 향옥정은 1977년 방 두 칸의 초가집에서 시작해 3대에 걸쳐 47년 동안 이어져 내려온 전통 있는 장어구이전문점이다. 1대 공순자 여사의 뒤를 이어 2대 오창원·오창식 형제가 맛을 대물림하고, 3대 오태근·오태규 형제가 대를 잇고 있다. 지난 2020년에는 '백년가게'로 지정되는 등 서부 경남 일대에는 '장어 맛 잘 아는 사람치고 향옥정 모르는 사람이 없다'고 할 만큼 특별한 맛을 자랑한다.
장어는 매일 씨알 굵은 특상품 활어를 들여와 매장에서 일일이 수작업하고, 1대 공순자 여사가 처음 장어를 구울 때 연탄불에 구웠던 방식을 그대로 고수하고 있다. 대표 메뉴는 풍천장어 중에서도 300g 크기의 향옥장어와 200g 크기의 선암장어다. 직접 반죽한 손수제비와 각종 버섯, 채소를 듬뿍 넣고 얼큰하게 끓인 메기매운탕 또한 시원한 맛이 일품이다. 소금구이와 양념구이 두 가지 맛의 장어는 잘 익은 파김치, 백김치와 명이나물 장아찌, 3가지 나물, 샐러드 등 직접 만든 찬과 함께 마치 한정식처럼 한상차림으로 차려낸다. 연탄불에 구워 담백한 장어는 비법 양념 소스에 찍어서 먹거나 깻잎, 상추에 올려 무쌈, 생강, 마늘, 쌈장 등 취향에 따라 쌈으로 싸 먹으면 입안에 꽉 차는 두툼하고 쫀쫀한 육질과 고소한 맛이 어우러져 매력적이다. 장어와 함께 제공되는 식사는 강황밥과 꽃게 된장국을 내 마무리까지 건강하다.
향옥정은 오랜 업력만큼 건물도 약 100년의 세월을 함께 해왔다. 가정집을 개조해 업장으로 사용하고 있는데, 여러 차례 리모델링을 거쳐 홀은 입식 테이블을 설치해 편의성을 높인 반면 내실에 있는 룸은 입식 테이블이 있는 단체석과 프라이빗한 분위기의 좌식 룸이 있다. 특히 좌식 테이블이 있는 룸은 커다란 자개상에 음식을 차려내는데 오래되고 낡은 자개상이 주는 느낌이 특별하다.

'아끼지 마라 우리가 더 쓰면 손님은 더 기쁘다' 1대 공순자 여사의
가르침을 이어받아 3대째 장어 명가로 자리매김한 향옥정.
큰 상을 빼곡이 채우는 차림새가 여전히 풍성하다.

김해를 대표하는 황금한우불고기
황금시대.

📍 경상남도 김해시 주촌면 서부로1637번안길 4　　📞 055-314-1638

🍴 황금보리굴비 2만8천원, 황금한우불고기 2만2천원, 지리산흑돼지찌개 1만4천원, 수제 청국장 1만3천원
한우국밥 1만3천원

신선한 채소와 함께 먹을 수 있는 황금한우불고기와 황금보리굴비는 황금시대의 대표 메뉴다. 약 30년동안 요리를 해 온 유미화 대표는 김해에 큰 도축장이 두 곳이나 있음에도 김해 특유의 메뉴가 없어 아쉬웠다. 그래서 레시피를 고민한 끝에 신선한 소고기와 김해평야에서 자란 채소들을 함께 제공하는 황금한우불고기를 만들어 건강하면서도 맛있는 한끼를 제공하고 있다. 황금한우불고기 육수에 들어가는 장군차는 김수로왕의 왕비 허황후가 혼수로 가져왔다고 알려졌는데 김해의 바람과 물을 머금은 특별한 풍미를 가지고 있다. 가야 때부터 이어져온 장군차를 황금한우불고기 육수에 첨가해 김해 고유의 맛을 만들어냈다. 장군차는 현재는 특허를 받기 위해 준비 중이다.
황금시대는 넉넉한 룸과 널찍한 홀이 있어 단체 고객을 맞기에도 부족함이 없으며,

신선한 소고기와 채소 그리고 김해 특산물 장군차를 육수에 넣어 만든 특별한 황금한우불고기가 있다. 단품 메뉴로도 손색이 없는 12개의 반찬이 함께 나와 매우 알차다.

유 대표가 매장에 상주하면서 맛과 서비스를 책임지고 있다. 메인 메뉴도 맛있지만 푸짐하면서도 개성 강한 반찬도 인상적이다. 특히 황금한우불고기에는 무려 12찬이 나오는데, 간장게장, 오리고기 외에 이름처럼 예쁜 꽃밥이 있어 보는 재미까지 더한다. 메인 메뉴 외에 명란젓갈, 궁채나물, 가자미식해, 장아찌 등 다양하면서도 특색 있는 메뉴들은 별도로 포장 구매도 가능하다.

인근에는 산업단지와 관광지, 골프장 등이 있어 점심시간이나 이른 저녁시간에 찾는 단골고객들이 많아 돼지찌개, 청국장, 국밥 등 다양한 식사 메뉴도 있다.

087 금성
088 덕천복집
089 동원장수촌
090 마파람
091 맛소문오리불고기
092 부산약콩밀면
093 선미오리불고기
094 정동진해물탕
095 정을담다
096 청와정
097 한방장어구이

금정산 정기 담은 흑염소보양식과 진액
금성.

📍 부산광역시 금정구 산성로 443   📞 051-517-4848
🍴 흑염소스페셜코스 6만5천원, 흑염소프리미엄코스 10만원, 흑염소진액 30만원, 흑염소갈비찜 18만원
흑염소석쇠구이 4만5천원

금성은 건강과 원기 회복에 좋은 흑염소 요리를 믿고 먹을 수 있는 음식점으로 20년 동안 금정산성을 지켜온 터줏대감이다. 금정산성하면 흑염소 마을로도 유명한데 특히 금성은 금정산성에서 유일하게 흑염소 코스요리를 선보인다.

금성의 주정하 대표는 주로 약용으로 사용하던 흑염소를 다양한 코스요리로 만든 공로를 인정받아 제17회 '자랑스러운 대한민국 신지식인' 자영업 분야에 선정된 바 있다. 흑염소는 예로부터 몸을 따뜻하게 하고 힘을 돋우며 피부를 탄력 있게 한다고 알려졌지만 잘못 요리하면 누린내가 날 수 있다. 금성의 흑염소 요리는 특제 양념과 숯불, 다채로운 자연의 재료들을 더해 누린내가 없고 풍미가 좋다.

신선한 흑염소의 육질과 풍미를 즐길 수 있는 흑염소육회부터 흑염소불고기, 흑염소전

국내 최초로 흑염소 코스요리를 선보인 금성. 남녀노소 건강을 챙겨주는
흑염소 효자진액과 흑염소 효자보양식을 선보인다.

골, 흑염소갈비찜까지 식사와 함께 넉넉하고 만족스럽게 즐길 수 있는 흑염소 코스요리는 단골고객들이 가장 즐겨 찾는 메뉴다.

금성은 주징하 대표의 뒤를 이어 호텔외식조리를 전공한 두 아들이 경영에 참여해 2세 경영의 틀을 잡아가는 등 말 그대로 외식 가족이다. 두 아들의 가세에 힘입어 최상의 흑염소만을 엄선해 위생적으로 생산한 '금성효자진액'은 주재료와 약재의 적절한 배합을 통해 남녀노소 누구에게나 적합한 영양과 효과를 선사하며 먹기 좋게 포장해 네이버 스마트스토어에서 판매하고 있다. 금성에선 건강을 위한 흑염소 보양식과 흑염소 진액을 한꺼번에 만날 수 있다.

복을 제대로 담은 복어요리를 맛볼 수 있는 곳
덕천복집.

📍 부산광역시 북구 기찰로 41-3 📞 051-334-5454
🍴 명품코스A 11만원, 명품코스B 9만원, 명품코스C 7만원, 참복사시미정식 5만5천원
 까치복샤브샤브 4만5천원, 눈꽃복삼계탕 2만7천원

복어는 테트로도톡신이라는 맹독성분이 있어 반드시 전문가의 손을 거친 요리를 먹어야 한다. 덕천복집의 서인숙 대표는 1988년부터 외식업에 종사하며 복어에 대한 전문적인 지식을 쌓았고, 직접 조리를 하기 위해 일식, 한식, 복어조리사 자격증을 취득했다. "여러 명의 일식 셰프를 초빙해 직접 사시미 기술을 배웠다. 복사시미는 내가 직접 칼을 잡는다. 쉽지 않은 과정이었지만 재미가 있었다"고 말하는 서 대표는 주방에서 음식을 데코레이션하고 정갈하게 상차림을 하는 것이 성격에 맞았다고 전한다. 그래서일까. 명품코스로 나오는 복사시미의 모양이 현란하다. 복사시미를 좀 아는 고객들은 연신 '이 맛이야'라며 감탄을 아끼지 않는다. 복사시미 마니아들이 덕천복집을 찾는 이유다. 복어회 한 점 한 점에 식용 금가루가 뿌려진 복사시미는 럭셔리한 느낌을 준다.
덕천복집의 복국은 텁텁한 맛이 전혀 없이 깔끔하다. 잡내라고는 일절 없는 복국의 진짜 시원함을 느낄 수 있으며 복어살의 부드러움은 덤이다. 덕천복집은 애주가들 사이에서 이미 해장맛집으로 손꼽히고 있다. 복어요리를 코스요리로 맛볼 수 있는 곳은 그리 흔치 않은데 덕천복집은 복탕수육, 복불고기, 복전골 등 다양한 복요리를 코스로 선보인다.
여기에 여름철 효자메뉴 눈꽃복삼계탕을 빼놓을 수 없다. 복어 육수로 맛을 낸 눈꽃복삼계탕은 기본 닭에 복어와 전복이 들어가고 은이버섯과 각종 한약재가 들어가 영양만점이다. 하늘에서 눈이 내린 것처럼 보이는 은이버섯을 삼계탕에 넣은 것이 포인트다. 은이버섯의 화려함 때문에 눈꽃이란 이름이 붙여졌고 부산에서 가장 예쁜 삼계탕으로 불리며 인기몰이 중이다.

화려한 비주얼을 자랑하는 덕천복집의 요리들. 마니아층에게 사랑받는 복사시미, 해장으로 안성맞춤 복국, 여름철 보양으로 제격인 눈꽃복삼계탕은 덕천복집의 삼총사다.

자연의 맛에 정성을 다한 보양명가
동원장수촌。

📍 부산광역시 사하구 동매로 117　　📞 051-202-4100

🍴 녹두한방백숙 6만원, 전복녹두한방백숙 7만2천원, 능이한방백숙 7만9천원, 옻백숙 6만2천원
생청동양념오리구이 4만8천원, 코갈비 5만8천원

동원장수촌의 대표 메뉴인 녹두한방백숙을 먹으면 진한 보약을 들이키는 느낌이 든다. 녹두한방백숙은 황기, 구기자, 감초 등의 한약재와 몸에 좋은 녹두를 넣고 오랜 시간 고아 낸 건강 보양식이다. 동원장수촌에선 이런 보양식을 예약 없이 즐길 수 있다. 판매량이 많아 주방에서 항상 오리백숙을 끓이고 있어 가능한 일이다.

백숙과 함께 나오는 반찬도 별미다. 시골에서 어릴 적 먹던 장아찌, 나물, 김치 등은 물론이고 잡채와 샐러드, 표고탕수육이 기본으로 나온다. 이곳의 모든 반찬들은 박다희 대표가 진두지휘한다. 숙성시간이 필요한 음식을 제외한 반찬은 매일 아침 정성껏 만들고 모두 소진되면 새로 추가해 만든다.

지금도 새벽 5시에 일어나 직접 시장을 보는 박다희 대표는 원재료 관리에 특히 신경을 쓴다. 크기는 작지만 값이 비싼 청둥오리를 사용해 쫄깃한 식감을 높이고, 친정인 경남 김해 진례에서 공급받는 신선한 채소로 풍미를 더한다. 녹두를 이용한 한방백숙은 특히 소화가 잘돼 어르신들에게 인기가 많다. 또한 코다리와 갈비 그리고 문어가 환상의 조합을 이루는 코갈비는 부드러운 갈비와 코다리에 매콤한 양념이 배어 있는 별미 요리다.

박다희 대표가 오리 보양식을 테마로 동원장수촌을 선보인 것은 사업 실패로 곤경에 처했을 당시 외가를 찾았던 것이 계기가 됐다. 마침 외가는 오래전부터 진례면에서 오리백숙집을 운영하고 있었다. 외가의 손맛을 물려받아 솜씨가 좋았던 박 대표는 금세 오리백숙 비법을 배워 동원장수촌을 열었다. 외할머니와 외숙모, 이모에 이어 대를 이은 손맛은 그에게 고스란히 전해졌다. 지치고 피곤한 내 몸에 보약같이 진한 보양식 한 그릇을 선물하고 싶을 때 주저 없이 동원장수촌으로 가면 될 듯하다.

진한 국물의 오리백숙은 보기만 해도 몸이
좋아질 것 같다. 한식대가의 손맛이 담긴
화려한 반찬들은 덤이다.

바다에서 온 싱싱한 맛 바람
마파람。

📍 부산광역시 금정구 금강로 418 2층   📞 051-557-5577

🍴 전복해물찜 6만5천원, 해물찜 5만5천원, 생아구찜 4만5천원, 전복해물탕 6만5천원, 해물탕 5만5천원
　생아구탕 4만5천원

"우와! 여기 호텔 일식집이가? 해물탕 집이 뭐 이리 화려하노?"
일반적인 해물탕 식당을 예상하고 마파람의 문을 연 고객들은 매장의 화려함과 쾌적한 인테리어에 놀란다. 약 140평 규모의 매장에 26개 테이블만 배치해 충분한 식사 공간을 제공하고, 크루즈 여행 콘셉트의 매장은 통일성 있는 느낌을 준다. 커다란 벽면 가득히 채우고 있는 설치미술작품이 매장에 고급스러움을 더해준다.
2005년부터 온천장에서 영업하다 새로 이전한 마파람은 최근 부산지역에서 가장 핫한 해물탕집으로 손꼽히고 있다. 주말 웨이팅은 물론이고 주중에도 가족 모임이나 각종 모임으로 인기를 끌며 대기 줄이 길게 늘어서 있다.
마파람의 해물요리는 약간의 해물로 생색만 내고 강한 양념으로 맛을 낸 해물요리가 아니다. 엄선된 해물과 개운한 특제 양념으로 맛을 낸 마파람만의 독특한 해물찜, 해

물탕, 아구찜은 그야말로 '마파람에 게 눈 감추듯이' 고객들의 입 속으로 사라진다. 마파람은 매일 재료 하나하나 엄격한 선별을 거친 신선한 해물로 요리해 탱글탱글 신선한 풍미를 선사한다. 주문은 테이블에서 태블릿으로 하고, 음식이 제공되면 직원들이 먹기 좋은 크기로 직접 커팅 서비스를 해줘 편하게 해산물을 즐길 수 있다.

마파람 김영진 대표는 공부하는 외식인으로 널리 알려져 있다. "준비된 자에게 기회가 온다. 최초이거나 전혀 다른 콘셉트가 아니라면 식당업을 벗어나 외식 경영인으로 성공할 수 없다고 생각했다. 마파람의 새로운 변신은 그래서 시작된 것이다"라고 말하는 그는 앞으로 후배 외식인들에게 멘토 역할을 하고 싶다는 꿈이 있다.

초심을 잃지 않고 싱싱하고 청정한 맛 바람을 일으키는 마파람은 해물요리의 명가로 불려도 손색이 없다.

해물요리 명가 마파람의 특별한 비법은 신선한 해산물이다. 여기에 깊은 맛과 건강까지 생각하는 특제 양념이 어우러진다.

정 맛, 손 맛…넉넉한 인심에 밥 먹기 편한 집
맛소문오리불고기.

📍 부산광역시 해운대구 좌동로 109-17   📞 051-703-5296
🍴 생오리불고기 4만5천원, 생오리소금구이 4만5천원, 오리백숙 6만원, 추어탕 1만3천원

해운대구 신도시의 먹자골목엔 많은 음식점들이 생겼다가 이내 사라진다. 신도시 주민들의 까다로운 입맛을 맞추기가 생각보다 쉽지 않다는 이야기다. 맛소문오리불고기는 해운대 좌동의 터줏대감이다. 신도시가 생길 무렵부터 이곳에 자리를 잡고 지금까지 성업 중이다. 그래서 이곳엔 10년이 넘는 오랜 단골들이 많다.
초창기 맛소문오리불고기는 자본금이 적어 작은 가게로 시작했다. 그러나 음식의 퀄리티 만큼은 뛰어나 냉동이 아닌 생오리를 맛깔나게 양념해 불고기로 선보였고, 돌솥밥에 20여 가지의 반찬을 조물조물 만들어 냈다. 그런 노력이 주효했는지 좁은 매장은 늘 만원이었고 대기 손님들이 줄을 이었다. 지금은 확장 이전해 해운대의 대표 오리구이 맛집으로 소문나 모임이 있거나 오리구이가 먹고 싶은 날엔 자연스럽게 맛소문오리불고기로 발길을 옮긴다.
이곳의 오리불고기는 먹음직스럽지만 절대 맵지 않다. 고추장에 버무린 넉넉한 양의 생오리 불고기가 돌판 위에서 지글지글 익어 갈 때 부추를 넣고 쌈 채소에 싸서 먹는 맛이 기가 막히다. 여기에 볶음밥까지 추가하면 그야말로 완벽 그 자체다. 오리고기 본연의 맛과 고소한 기름장이 어우러지는 맛소문오리불고기의 소금구이도 꼭 한번은 맛봐야 할 메뉴. 능이와 녹두를 넣어 푹 끓여낸 능이오리 백숙은 자신이 먹어 봐도 너무 맛이 좋아 단골고객들이 오면 꼭 추천할 정도로 자신있는 메뉴다. 김선옥 대표는 "그동안 가족처럼 사랑을 준 지역주민에게 감사하다. 지금처럼 편안하게 밥 먹으러 오기 좋은 집으로 오래오래 남고 싶어 두 아들에게 나만의 레시피를 전수했다"고 말했다.

해운대의 오래된 오리맛집으로 소문난
맛소문오리불고기의 메뉴는 군더더기 없이
깔끔하다. 지역주민의 좋아하는 최적의 맛으로
차려지는 메뉴들.

소화가 잘돼 100세까지 속 편한 밀면
부산약콩밀면.

📍 부산광역시 남구 동명로 145번길 80 📞 051-611-1231
🍴 물밀면 7천원, 물비빔밀면 8천원, 황소온면 1만원, 황소온비빔면1만1천원, 명태회비빔밀면 1만원
비빔밀면 8천원

'밀면 참 좋아하는데 나이가 들수록 소화가 어려워 못 먹겠더라'는 이 한마디가 마음에 걸려 속 편한 밀면을 만들기 위해 10년간 연구한 사람이 있다. 바로 부산약콩밀면 조상홍 대표다. 조 대표는 장인, 장모님이 쌓아온 손맛과 정성이 너무 아까워 직장생활 10년을 청산하고 외식업에 뛰어들었다.

"녹차, 자색고구마 등 면을 반죽할 때 안 넣어본 재료가 없다. 어느 날 어머니가 지나가는 말로 '약콩'을 넣어보는 건 어떻겠냐고 해 약콩을 넣어봤더니 정말 소화가 잘됐다. 반죽할 때부터 고소한 향이 사방에 퍼지며 성공의 느낌이 들었다." 약콩밀면은 그렇게 탄생했다.

약콩은 다른 콩과 달리 약용으로 사용하기에 '약콩'이라고 불린다. 대두에 비해 단백질과 식이섬유 함량이 많아 식후 혈당 상승을 억제하고 콜레스테롤과 변비를 개선하기도 한다. 호주산 밀가루 대비 최소 6배 이상 비싼 약콩을 넣은 약콩밀면을 먹으면 속이 편한 이유다.

부산약콩밀면의 음식은 한우사골과 8가지 한약재, 각종 채소로 48시간 이상 정성들여 만드는 한방육수와 함초, 톳으로 만든 천연간수를 사용한다. 기장 다시마로 직접 만든 식초를 넣어 만든 양념장이 단맛과 감칠맛을 끌어 올린다.

"지금은 전통음식, 향토음식을 취급하지만 새로운 트렌드를 고려한 신메뉴에 대한 고민도 지속적으로 하고 있다. 앞으로 100년을 더 이어가기 위한 대비를 하고있다"고 말하는 조 대표는 늘 공부하는 외식경영인이다. 이런 노력 덕에 부산약콩밀면은 '백년가게'에 선정되었고, '2022 대한민국 프리미엄 브랜드 대상'에서는 외식서비스(부산향토음식) 부문 대상을 수상했다.

약콩을 넣어 반죽한 밀면은 먹고 나면 속이 편안하다. 밀면에 갈비만두를 추가하면 든든한 한 끼로 손색이 없다.

생오리불고기와 함께 즐기는 집밥의 추억
선미오리불고기.

📍 부산광역시 부산진구 엄광로 57-1   📞 051-893-2933
🍴 오리불고기 4만5천원, 오리소금구이 4만5천원, 오리백숙 6만원, 오리옻백숙 6만5천원, 추어탕 1만3천원

선미오리불고기에 들어서면 넓게 펼쳐진 매장과 편안한 분위기에서 이야기를 나누며 식사를 즐기는 고객들이 가득하다.
선미오리불고기는 오리고기, 오리백숙 그리고 추어탕 단 3가지의 메뉴에만 집중한다. 한자리에서만 25년째 영업을 이어올 수 있는 이유도 선택과 집중을 잘했기 때문이다. 오리불고기와 백숙은 가정집 스타일로 푸짐하게 차려 내고, 별미로 선보이고 있는 추어탕은 이곳 정순자 대표의 어린 시절 엄마가 끓여주었던 구수한 맛을 최대한 살렸다. 선미오리불고기는 생오리만 취급하고 있다. 새빨간 불고기 양념이 진하게 배어 있는 오리불고기는 이곳의 시그니처 메뉴다. 간혹 오리가 질겨서 못 먹는다는 사람도 있지만 생오리를 사용하는 선미오리불고기는 맛이 부드럽다.

요리 하나, 반찬 하나하나가 다 정갈하다. 놋그릇에 담긴 밥, 옹기 스타일의
백숙 용기가 집밥의 이미지를 더해준다.

밑반찬 또한 예사롭지 않다. 동치미, 겉절이, 쌈 채소 외에도 나물, 해초무침 등 건강에 좋은 반찬들을 맛볼 수 있는데, 한정식집이 아닌가 착각을 하게 될만큼 각각의 반찬들이 나무랄 데가 없다. 매일 새벽 누구보다 더 일찍 주방에 나와 재료를 손질하고 반찬을 만드는 정 대표는 고객들에게 대접하는 음식에 늘 진심을 다한다.

음식 자랑을 해달라는 말에 평가는 고객들이 하는 것이라며 손사래를 치지만 이미 이 곳의 음식은 인근에 정평이 나 있다. 부추와 팽이버섯이 가득 올려진 오리불고기를 먹고 볶아먹는 볶음밥도 일품이고, 맑은 부산식 추어탕 역시 진국이다.

동네 맛집으로 입소문이 나며 고객들의 발길이 끊이지 않고 있어 좋다는 정 대표는 "무엇보다 어릴 때 이곳을 찾았던 꼬마가 어른이 돼서 다시 자녀를 데리고 찾아오는 모습이 가장 흐뭇하다"고 말한다.

해물은 무조건 커야 맛있다
정동진해물탕.

📍 부산광역시 부산진구 서면문화로 37 📞 051-809-8208
🍴 해물찜 5만원, 해물탕 5만원, 생아구불고기 4만5천원, 생아구찜 4만5천원
왕새우찜 4만5천원, 꽃게찜 4만5천원

해물찜을 콩나물 맛으로 먹는다고? 천만의 말씀이다. 정동진해물탕은 통오징어, 문어, 전복, 왕새우에 꽃게까지 해물이 푸짐하게 들어있다. 무조건 '해물은 큼지막한 것으로'가 정동진해물탕 안은영 대표의 음식 철학이다. 꽃게 4분의 1조각이 보통 꽃게 한 마리 크기다. 일반 해물찜과 사이즈가 다른 큼지막한 해물들은 씹을 때 풍미를 더한다.
정동진해물탕은 지하철 서면역과 롯데백화점 맞은편에 자리 잡고 있어 접근성이 특히 좋다. 그래서인지 각종 모임 예약이 많다. 3명이 6만 원 정도면 해물찜과 식사를 배부르게 할 수 있어 가성비도 훌륭해 각종 모임의 총무들에겐 인기 만점의 장소가 되고 있다. 오랫동안 한자리를 지키고 있기에 부산에서 정동진해물탕을 모르는 사람은 거의 없다. 해물찜의 참맛을 아는 사람은 유명 관광지가 아닌 이곳을 찾는다. 요즘은 일본인 관광객들의 발길도 부쩍 늘었다. 특히 코로나19 시기는 아들의 아이디어로 해물탕은 비조리, 찜은 완전 요리로 배달을 했는데 베테랑 해물요리 달인과 젊은 아들이 의기투합한 배달 해물요리는 히트를 쳤다.
푸짐한 해물탕과 해물찜은 직원들이 직접 커팅 서비스를 해 고객들이 편안하게 먹을 수 있도록 해주고, 남은 양념에 미나리와 고소한 기름을 넣어 볶음밥을 해준다. 한정식 맛집이라 해도 손색이 없을 정도로 해물부추전, 과일샐러드, 북어포튀김, 동치미, 두부, 나물, 연근 등 정갈한 반찬이 함께 차려져 푸짐함을 더한다.
생아구불고기도 떠오르는 인기 신메뉴다. 적당히 매운맛을 내는 생아구불고기는 술안주로 적합하다. 해물탕과 해물찜을 맛있게 먹은 후 조금 아쉬울 때 여럿이서 입가심으로 하나 시켜 먹으면 안성맞춤이다.

정동진해물탕의 모든 해물 재료는 무조건 제일 큰 사이즈로 선별한다. 재료를 아끼지 않는 대표의 영업 철학으로 풍미 좋은 해물을 맛볼 수 있다.

대한민국 명품맛집 123선

집밥이 그리울 때 도심 속 건강한 한식
정을담다.

📍 부산광역시 부산진구 중앙대로 692번길 38   📞 051-808-4004
🍴 정담스페셜A 2만7천원, 정담스페셜B 2만2천원, 남도보쌈정식 1만9천원, 민물장어정식 1만2천원
　버섯갈비찜정식 1만8천원, 해물된장찌개 9천원, 북창동순두부 9천원

부산의 진구는 주말 유동 인구가 70만 명에 달하는 중심지다. 서면은 부산진구 중에서도 그 중심이다. 바쁘게 돌아가는 일상에서 불현듯 집밥이 그리울 때 스스럼없이 문을 열고 들어갈 수 있는 곳이 바로 정을담다. 각종 프랜차이즈 음식점과 국적을 알 수 없는 퓨전음식의 소용돌이인 서면의 번화가에서 제대로 된 한식을 맛볼 수 있는 유일한 곳이다.

반찬은 감자볶음, 잡채, 떡볶이, 김치전, 샐러드, 달걀말이, 쌈장과 각종 나물 등 기본 반찬부터 손이 많이 가는 것 천지다. 그럼에도 대학에서 조리학을 전공한 한연우 대표는 시대에 뒤떨어지지 않게 한식 상차림을 깔끔하게 차려낸다.

한 대표는 "반찬 가짓수를 줄여야 하나, 리필은 계속해 줘야 하나 하는 고민이 있었다. 하지만 반찬이야말로 한식의 매력이고 부족한 찬을 더 주는 것이 한식의 정이라고

부산의 중심가에 위치한 '정을담다'에선 정갈한 반찬과 다양한 요리를 가성비 있게 만나볼 수 있다. 특히 제철 재료를 곁들여 나오는 갈비찜은 이곳의 인기 메뉴이다.

생각해 기본에 충실하며 지금까지 매장을 운영해 왔다"면서 스스로 한식 전도사임을 자처한다. 그래서일까. 정을담다엔 한식의 매력을 알고자 하는 외국인들의 발길이 유달리 많다. 매장 곳곳에서 된장찌개 뚝배기를 시원하게 비워내고, 제철 재료가 곁들여진 갈비찜에 감탄사를 연발하는 외국인들의 모습을 어렵지 않게 볼 수 있다. 특히 몸에 좋은 두릅, 미나리, 냉이, 달래, 버섯 등 제철 신선한 식재료가 아낌없이 올려 나오는 갈비찜은 인기 메뉴다.

정을담다는 반복되는 일상에서 식사 한 끼 제대로 챙겨 먹지 못하는 직장인들의 영혼의 허기를 달래주는 곳, 주머니 사정이 넉넉지 못한 대학생들도 배부르게 집밥을 먹을 수 있는 곳, 이름 그대로 '정을 담은' 음식을 맛볼 수 있는 곳이다.

음식으로 몸을 다스리는 보양식 명가
청와정.

📍 부산광역시 부산진구 동평로 44번길 55 📞 051-989-9292
🍴 청와봉황탕 15만원, 녹두한방백숙 6만3천원, 전복녹두한방백숙 7만5천원
생청둥구이 4만7천원, 청와코갈비 6만3천원

부산 당감동엔 백양산 골짜기에서 흘러내린 맑은 물들이 앞마당을 휘감아 돌아나가는 푸른 청기와 저택이 있었다. 옛날부터 백양골 사람들은 이 저택을 '당감동 청와대'라고 불렀다. 청와정은 풍수지리학적으로 터가 좋은 이곳에 자리를 잡았다.

청와대를 모티브로 한 고풍스러운 인테리어를 자랑하는 청와정은 대를 이어 내려오는 오리백숙 명가다. 김해 진례 백숙마을의 시초가 됐던 외조부모부터 이모, 외숙모를 이어 청와정 박다희 대표에 이르기까지 3대가 평생을 바쳐 백숙을 끓여 왔다.

청와정의 백숙은 다양한 버섯들과 약재의 효능이 국물에 조화롭게 우러난다. 여기에 오리와 녹두, 찹쌀은 필수 영양소를 골고루 채워준다. 기본 반찬은 천연재료로 본연의 맛을 살리고 화려한 색감으로 식욕을 돋워준다. 오랜 세월 백숙만을 공부하고 만들어 온 박 대표의 지혜가 가득한 보양식이 바로 녹두한방백숙이다.

특히 청와정의 명품 메뉴인 청와봉화탕은 일능이 이표고 삼송이 버섯과 문어, 은이버섯, 전복으로 끓여낸다. 여러 한방재료를 넣어 오랜 시간 끓여낸 깊고 진한 비법 육수와 문어, 전복의 쫄깃함 그리고 청둥오리고기의 부드러움이 만나 세상 어디에서도 맛보지 못할 최고의 보양식이 탄생했다.

박 대표는 "행복의 척도는 다르지만 건강이 그 기본이라고 생각한다. 한식과 한약의 뿌리는 같다. 평소 몸에 올바르고 영양 있는 음식을 먹음으로써 건강을 지킬 수 있다"고 말한다.

전면 통유리에 조망과 채광이 좋아 럭셔리한 분위기를 연출하는 청와정은 개별 프라이빗한 다양한 룸이 준비되어 있어 지인이나 가족들을 초대하기에도 안성맞춤이다.

솟아라 기운아! 문어, 버섯, 전복의 쫄깃함과 청동오리고기의 부드러움이 합해진 청와정의 청와봉황탕은 세월을 달여 만든 보양식이다.

민물장어로 부산사람 입 맛 사로잡다
한방장어구이.

📍 부산광역시 연제구 아시아드대로 8　　📞 051-503-3353
🍴 한방민물장어한판 4만2천원, 한방민물장어반판 2만8천원, 가마솥추어탕 6천원, 누룽지탕 2천원

전통적으로 바닷장어가 강세인 부산에서 민물장어의 독특한 맛을 자랑하는 곳이 있다. 부산 광역시 연제구 거제동에 위치한 한방장어구이가 그곳이다. 업소에 들어서면 가장 먼저 장어수족관이 눈에 띈다. 매장 한복판에 위치한 수족관엔 싱싱한 민물장어들이 즐비하다. 사실 수족관을 식당 한가운데 설치해 놓고 운영을 하는 장어구이 매장은 흔치 않다. 장어의 신선도에 자신이 있는 김금옥 대표의 결단이 있었기에 가능한 선택이다.

"민물장어는 흙냄새를 잡는 것이 관건이다. 일정 시간 해감의 과정을 거쳐야 하는데 수족관은 필수다. 바다장어에 익숙해 민물장어엔 선입견이 있던 부산 사람들이 흙냄새를 잡은 민물장어의 맛에 빠져 들었다"고 말하는 김 대표는 민물장어 요리가 드문 부산에서 위험을 감수하고 도전장을 내밀었고 성공했다.

박리다매를 원칙으로 하고 있는 한방장어구이는 가성비가 좋다. 장어가 전부 구워져 나오기 때문에 식사가 편안하다.

여기서 한 발 더 나가 직접 만든 한약재 양념으로 승부수를 던졌다. 김 대표의 한방 양념은 장어 뼈를 기본으로 한다. 24시간 푹 고아 낸 장어 뼈를 곱게 간 후 황기, 당귀 등 18가지 한약재를 넣어 다시 4~5시간 끓인다. 여기에 간장, 고추장 등을 넣어 양념 맛을 조절한다. 사람 체질에 따라 한약재 적응 정도가 다르기 때문에 인삼을 뺀 한약재를 종류별로 적당량 조절해 투입한다. 장어구이는 한방 양념을 초벌과 재벌 두번에 걸쳐 발라 주방에서 구워 고객상으로 서비스한다. 고객들은 장어를 굽느라 뜨거운 숯불 앞에서 땀을 흘리는 수고로움을 피할 수 있다.

보양식의 대표인 장어는 뜻밖에도 차가운 음식이다. 그래서 부추나 생강 등 따뜻한 성질의 재료와 궁합이 맞다. 여기에 뜨끈한 국물이 있다면 금상첨화다. 부추, 생강과 곁들여 나오는 장어탕은 김해 농장의 무청을 넣어 끓여 마치 시래기국 같은 풍미로 인기다.

광주광역시 & 전라남도.

광주광역시

098 더한우사랑
099 옛날에금잔디
100 온고당
101 청해진의꿈
102 해육반

전라남도

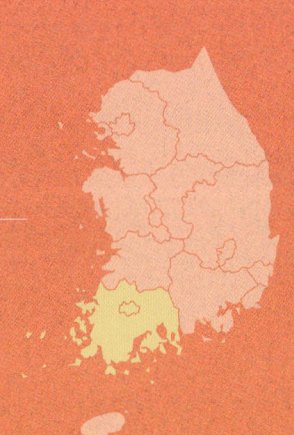

103 나눌터
104 나주곰탕하얀집
105 남녘들밥상
106 남도예담
107 담양애꽃
108 The락식향950
109 The미주농원120
110 명궁관
111 무안애꽃낙지한정식
112 문수헌
113 보자기농가맛집
114 신사와칼국수
115 안녕.홍매화
116 열무밭에
117 예원
118 예향한정식
119 전통식당
120 참조은시골집
121 함평해월축산
122 향토정
123 홍어1번지

최상의 1⁺ 한우를 가장 합리적인 가격에
더한우사랑.

○ 광주광역시 동구 학소로 137(학운동성당 뒤 평화맨션 옆)   ☏ 062-226-6061
✕ 더한우 모듬세트 300g 6만8천원, 더한우 토시살 150g 4만5천원, 더한우 안창살 150g 4만5천원
  더한우 꽃등심 170g 3만7천원, 더한우 생고기 150g 2만2천원

1⁺이상의 최상급 한우를 가장 합리적인 가격으로 맛볼 수 있는 더한우사랑은 그 어떤 곳보다도 고기의 품질과 등급이 뛰어나다. 20여년 동안 정육점을 운영해 한우 유통과 한우의 모든 것을 알고 있는 김홍희 대표는 맛있는 고기를 합리적인 가격으로 제공하고 싶었다. 그래서 2015년에 더한우사랑을 오픈했고, 뛰어난 맛과 서비스로 많은 고객들이 꾸준히 찾고 있는 고깃집이다.

2, 3, 4인분으로 구성된 모듬세트는 쉽게 접하기 어려운 한우의 각 부위를 골고루 즐길 수 있도록 한 더한우사랑의 대표 메뉴다. 1⁺이상의 한우만 제공해 마블링부터 한우 특유의 고급스러운 맛까지 제대로 맛볼 수 있다. 단골고객 중에는 고기와 식사를 함께 하는 어르신들도 많은 만큼 반찬에도 신경을 많이 쓰고 있다. 제철에 나오는 각종 채소와 양념게장, 육회 등 반찬만 있어도 밥 한 그릇은 뚝딱할 만큼 맛있고 다양한 찬이 한 상 가득하다.

정직함을 생명으로 한우 유통에 이어 더한우사랑을 운영하면서 김 대표가 지키고 싶은 것은 고객의 행복이다. 맛있는 한 끼를 즐기면서 행복해하는 고객을 보는 것이 가장 보람 있고 성취감을 느낄 수 있기 때문이다. 이를 위해 매년 5월 8일에는 매장을 운영하지 않고, 어르신들에게 푸짐한 한 끼 식사를 대접하면서 보람을 느끼고 있다.

아직은 잘 알려지지 않았지만 전라도 암소의 우수성을 제대로 알리는 것도 더한우사랑을 운영하면서 이루고 싶은 목표 중 하나다. 이를 위해 기존의 숯불 화로 외에 남도 한우를 가장 맛있게 먹을 수 있는 방법을 연구하고 있는데, 머지않아 남도식 한우구이를 선보이겠다는 포부다.

더 많은 고객에게
더 맛있는 한우를
더 좋은 가격에
판매하겠다는
원칙을 고수하고
있는 더한우사랑.
맛있는 한 끼를
즐기며 행복해하는
고객을 보는 것이
가장 큰 보람이다.

보리밥부터 한정식까지 20년을 이어온 광주 맛집
옛날에금잔디.

📍 광주광역시 광산구 도산로9번길 54 📞 062-941-5316
🍴 보리밥한상 1만3천원, 고등어한상 1만6천원, 옛날에정식 2만원, 금잔디정식 2만8천원
　스페셜정식 3만9천원, 매콤해물갈비찜 2인 4만원, 술상차림 10만원

보리밥으로 시작해 한정식 한상차림을 제공하는 옛날에금잔디는 2003년부터 현재까지 20년째 운영되고 있는 광주 맛집이다. 석불고기가 포함된 보리밥정식은 초창기부터 지금까지 이곳을 찾는 단골 고객을 위해 여전히 알뜰한 가격으로 제공하고 있다. 현재는 고등어구이와 떡갈비가 포함된 옛날에정식과 법성포 보리굴비와 떡갈비가 들어가는 금잔디정식 등 취향에 따라 다양한 한정식을 맛볼 수 있다.

특별한 한 끼에 제격인 한정식과 함께 갈비와 해물을 동시에 먹을 수 있는 해물갈비찜도 인기 있다. 갈비찜에 꽃게, 새우, 홍합 등이 푸짐하게 올라간 해물갈비찜은 적당히 매콤하고 해물의 시원함과 갈비의 깊은 맛이 잘 어우러진다. 해물과 갈비를 먹고 나면 남은 국물에 한국인의 외식 국룰인 마무리 볶음밥까지 제대로 즐길 수 있어 온 가족 외식 및 직장인들의 회식 안주로도 맞춤이다.

현지인은 물론 광주 송정역과도 가까워 전라도 한 상을 기대하는 외지인들에게도 인기다.
특히 이금희 대표의 손맛이 배인 제철 나물 반찬이 조연 역할을 톡톡히 한다.

옛날에금잔디는 처음에는 주택을 업소로 개조해 운영하다가 2020년 3월에 새로운 건물을 지어 오픈해 현재는 깔끔하면서도 고급스러운 내외관과 넉넉한 주차장을 갖추었다. 한정식당인 만큼 조명, 창살, 기와 등을 활용해 전통적이지만 모던한 분위기를 구현해 편안한 한옥의 느낌을 준다.

이금희 대표는 옛날에금잔디의 가장 큰 자랑거리로 제철나물을 꼽는다. 직접 구매하고 조리한 나물로 상차림을 하고 있으며, 전라도의 맛을 잘 살리기 위해 늘 신경을 쓰고 있다. 한 달에 몇 번씩 매장을 찾는 단골손님을 위해 두부튀김, 대하튀김, 아구순살 콩나물튀김 등 늘 새로운 반찬을 만들기 위한 노력도 아끼지 않고 있다.

이 대표가 20년째 매장을 운영하면서 지키고 있는 철학은 '정직'이다. 직접 신선도를 확인한 재료로 만들었기 때문에 당당하게 고객상에 내놓을 수 있는 것. 늘 초심을 잃지 않으면서 고객이 찾는 '예전의 그 맛'을 지켜나가고 싶다고 말한다.

직접 장 담그고 반찬 만드는 건강한 집밥
온고당.

📍 광주광역시 서구 개산길 19-36   📞 062-385-3326
🍴 돼지불고기한상 2만원, 갈치조림한상 2만3천원, 보리굴비한상 2만5천원

가정집을 개조해 시골스러운 정취를 느낄 수 있는 온고당은 갈치조림, 보리굴비, 돼지불고기 등을 메인메뉴이자 대표메뉴로 하고 있다. 특히 영광 법성포산 보리굴비를 이용한 보리굴비한상은 '소박한 남도반상'이라는 콘셉트로 높은 만족도를 주고 있다.

이곳 박소영 대표는 게장 전문식당 '열구지'를 약 16년 동안 운영했으며, 2018년부터 한상차림 음식점 온고당을 오픈해 운영하고 있다. '따듯하고 고집스럽다'는 뜻을 가진 온고당의 가장 큰 매력은 모든 음식에 조미료를 쓰지 않고 매장에서 직접 만든다는 것이다. 밑반찬은 물론 발효음식에 관심이 많아 간장, 된장까지 직접 담가 사용하고 있다.

건강한 집밥을 제공하고 있는 온고당은 자녀가 방문했다가 부모님을 모시고 오는 집이다. 그래서 20대부터 어르신까지 고객 연령대가 다양하며 식사 후 음식이 맛있다며 주방에 찾아와 인사를 하는 경우도 종종 있다. 또 남자밥과 여자밥이라는 콘셉트를 만들어 밥물과 밥에 들어가는 고명을 다르게 한 약선솥밥으로 특색을 주고 있다.

'내 가족이 먹는다는 마음으로 요리한다'는 박소영 대표는 좋은 식재료, 청결한 위생, 정직한 조리라는 원칙을 지킨다. 된장국 하나를 끓여도 채수와 다시 육수로 깊은 맛을 내고 있으며, 토속음식을 바탕으로 메론장아찌, 돼지감자장아찌, 토마토장아찌 등 색다른 재료로 득색있는 요리를 개발해 고객에게 좋은 반응을 얻고 있다. 발효 식품에 관심이 많은 박 대표는 앞으로 각종 소스, 맛간장, 장아찌 등을 숍앤숍으로 판매하면서 온고당의 맛을 집에서도 즐길 수 있도록 할 계획이다.

2세 경영을 준비 중인 온고당은 고객과 함께 건강하고
행복하게 오랫동안 맛과 전통을 이어갈 수 있도록
전국을 다니면서 경험과 배움을 쌓는 데도 열심이다.

40년 차 셰프의 진심 가득 해물 요리
청해진의꿈.

📍 광주광역시 광산구 목련로 374 1층(신가동) 📞 062-531-6444
🍴 고등어김치조림정식 1만5천원, 목포먹갈치조림정식 1만9천원, 아구찜(소) 4만5천원
생생 해물탕(소) 6만5천원, 눈꽃내린아구찜 4만9천원, 구선왕도해신탕 15만5천원

광주를 대표하는 해물요리전문점 청해진의꿈은 '살아있는 해물탕'을 맛볼 수 있는 곳으로 유명하다. 이곳 서찬열 대표는 40년 이상의 요리 경력 가운데 30년 세월 동안 해물 요리를 선보이고 있는 만큼 해물에 대해서는 누구보다 해박한 지식으로 원재료의 맛을 살리는 요리를 선보인다. 특히 좋은 원물을 찾기 위해 남광주와 풍암시장, 여수 돌산, 고흥 녹동 신항 등 직접 산지를 찾아 구매하는 수고를 마다하지 않고 있다.
청해진의 꿈에는 특별한 메뉴가 있다. 꽃게, 새우, 키조개, 석화, 백합, 소라, 문어, 낙지 등 해산물이 듬뿍 들어가 시원하고 칼칼한 맛의 살아있는 해물탕이 대중적인 인기 메뉴라면 보기만 해도 입이 떡 벌어지는 구선왕도해신탕은 여름 복날을 대표하는 메뉴다. 닭 한 마리가 통째로 들어가는 것은 물론 세종대왕이 건강을 위해 즐겨 드셨다는 '구선왕도고(총명떡)'와 알레르기가 없는 엄나무, 칼맛을 제대로 낸 참장어, 넉넉

한 크기의 전복, 문어 등을 넣어 눈과 입이 모두 즐겁다.

요리에 진심인 서 대표는 2013년 광주세계김치축제에서 백김치로 대통령상을 수상했는데, 남성 최초로 김치 대상을 받아 화제가 되기도 했다. 당시 상을 받은 백김치는 청해진의 꿈에서 사이드 메뉴로 맛볼 수 있다. 서 대표는 '지치면 지는 것이고, 미치면 이기는 것이다'라는 경영 철학으로 현재도 쉬지 않고 노력하고 있다. 지칠 때쯤 되면 더 공부하고 트렌드를 익히는 것이 성공적인 매장 운영의 비결이다.

서 대표는 "오래 운영을 하다 보면 오만해지기 쉬운데, 늘 배우면서 내공을 키워야 오래 갈 수 있다. 지치지 않도록 그리고 시대에 뒤떨어지지 않도록 몸도 마음도 실력도 닦아야 한다"며 마음을 다진다.

살아 꿈틀대는 신선한 해물탕으로 30여 년째 광주시민의 입맛을 사로잡고 있는 청해진의 꿈. 여름 보양식으로 선보인 구선왕도해신탕은 눈과 입을 즐겁게 하는 메뉴다.

바다와 땅 그리고 반상을 한 곳에서 즐기다
해육반.

📍 광주광역시 광산구 임방울대로826번길 15   📞 062-972-5788
🍴 키조개대패삼겹오합 2만2천원, 키조개차돌박이오합 2만9천원, 차숙이 1만8천원
삼숙이 1만6천원, 키돌이 2만2천원

해육반은 바다에서 나는 해산물과 땅에서 나는 소고기를 모두 즐길 수 있는 곳이다. 소고기와 회를 모두 좋아한 주인장이 두 가지를 함께 즐길 수 있는 공간을 만들기 위해 지난 2009년에 오픈했다. 16년이라는 짧지 않은 기간 운영해 온 만큼 사이드 메뉴나 구이 방식은 조금씩 바뀌어왔지만, 해물과 고기 그리고 오합이라는 조합은 해육반이 지키고 있는 정체성이다.

해육반의 대표메뉴는 이름처럼 키조개, 전복, 차돌박이, 버섯, 숙주가 들어간 키조개차돌박이오합이다. 완도 본가에서 직접 양식하는 전복을 비롯해 식재료 모두 산지에서 직접 공수하고 있어 좋은 원재료에서 나오는 맛이 일품이다.

메인 메뉴에 곁들여 먹으면 더 맛있는 사이드 메뉴는 여러 가지가 있지만, 그중 무+깻잎장아찌는 해육반의 또다른 자랑이기도 하다. 손이 많이 가는 메뉴지만 그만큼 맛있어 고객의 반응도 좋다. 여기에 무쇠 불판으로 구운 관자, 전복, 차돌박이, 숙주 등을 오합으로 싸 먹으면 해육반의 인기 비결을 바로 알 수 있다.

해육반은 2023년 3월 현재의 자리로 옮겼다. 기존 매장이 너무 오래돼 좀 더 쾌적하고 분위기 좋은 공간에서 고객을 맞기 위해서다. 편안한 분위기의 홀과 10인 이상의 인원도 수용할 수 있는 넉넉한 룸이 있다. 단체 고객은 물론 맛있는 안주에 술을 곁들일 수 있어 회식을 위해 찾는 고객들도 많다. 메뉴의 구성에 비해 가격대가 합리적이라는 것도 해육반의 장점 중 하나다. '안 온 사람은 있어도 한번 온 사람은 없다'고 말하는 박재이 대표가 지키고 싶은 것은 맛과 신뢰다. 항상 일관된 서비스와 한결같은 맛을 제공한다는 믿음을 고객에게 주고 싶은 것. 원칙을 지키면서 식재료부터 서비스까지 방문한 고객에게 행복을 주는 것이 목표 중 하나다.

해육반은 지난 16년 동안 해물과 고기 그리고 오합이라는 정체성과 식재료의 신선도를 강점으로 한결같이 사랑받고 있다.

대한민국 명품맛집 123선

웰빙 건강식 도토리 요리로 맛의 본고장 매료
나눌터.

📍 전라남도 순천시 팔마1길 4　📞 061-726-0536
🍴 다람쥐세트 4인 기준 8만2천원, 도토리세트 3~4인 기준 7만2천원, 임자탕 1만1천원, 도토리냉면 1만원

나눌터는 한정식 위주의 전라도 상차림에 수제 도토리요리로 차별화한 업소다. 경기도 평택 출신인 안혜경 대표가 전라도에 터를 잡은 후 몸에 좋고 맛도 좋은 도토리요리를 맛의 본고장인 전라도 사람들에게도 선보이고 싶다는 생각에 2011년 문을 열었다.
오픈 당시에는 식당마다 한 상 가득 푸짐한 찬 구성이 익숙한 순천 사람들에게 나눌터의 단출한 상차림은 부정적인 반응투성이였다. 그러나 이에 굴하지 않고 도토리요리 그 자체에 집중하면서 오픈 3개월 만에 건강한 음식이라는 긍정적인 평가와 함께 대기 줄이 생길 만큼 빠르게 자리 잡았다.
다양한 채소와 조화롭게 즐기는 묵무침, 묵보쌈, 도토리전도 별미지만 안 대표가 개발한 치자로 색을 낸 튀김가루를 입힌 도토리탕수, 도토리가루를 수제비처럼 떠서 진한 들깨탕으로 먹는 임자탕, 시원하고 개운한 맛이 일품인 도토리냉면은 특히 자신 있는 메뉴다. 더욱이 안 대표 자신이 암에 걸려 음식으로 완치한 이후에는 '음식이 약이다'라는 신념으로 모든 음식은 건강에 좋은 재료와 요리법으로 세심히 연구한다. 피로회복, 숙취에 좋고 피를 맑게 하는 효과가 있는 도토리부터 테이블에 앉으면 바로 내는 구기자차, 조로 밥을 지어 만든 깍두기, 지리산 피아골 김치, 정통 방식으로 만든 수정과 등 나눌터에서는 머무는 모든 순간을 건강한 음식과 함께할 수 있다.
나눌터는 하루에만 사용하는 묵이 스무 판이 넘는다. 건강에도 좋고 맛도 훌륭한 웰빙 음식이라는 입소문에 순천 현지 사람들은 물론 전국 각지에서 고객이 몰려와 늘 대기를 감수할 정도로 인기다. 외지 사람이 들어와 식당으로 성공하기 어렵다는 전라도에서 안 대표의 진심과 건강 제일주의는 수많은 고객을 매료시켰다.

음식과 더불어 희로애락을 함께 나누고 이곳에 오는 모든 사람을 내 가족처럼 소중히 하겠다는 다짐으로 나눌터라고 식당의 이름을 지었다.

4대를 이어온 국밥의 대명사, 곰탕의 원조
나주곰탕하얀집.

📍 전라남도 나주시 금성관길 6-1   📞 061-333-4292
🍴 곰탕 1만1천원, 수육곰탕 1만3천원, 수육 3만8천원

곰탕의 원조라는 나주 지역에서도 가장 먼저 곰탕이라는 음식을 선보이기 시작한 하얀집은 110여 년 역사의 노포다. 메뉴는 단 3가지. 곰탕과 수육곰탕, 그리고 수육이다. 곰탕에는 사태, 양지, 목심이 들어가고, 수육곰탕에는 머릿고기가 들어가는 게 차이점이다. 곰탕의 재료는 100% 한우다. 워낙 사용하는 양이 많고 회전율이 높아 매일 소고기를 들여오기 때문에 신선도가 매우 높다.

하얀집의 핵심은 곰탕을 말아 내는 오픈 주방이다. 입구에 들어서면 노포의 자존심이라고 할 수 있는 커다란 가마솥에서 구수한 곰탕 국물이 하얀 김을 올리며 끓고 있다. 주문이 들어오면 국밥 그릇에 담긴 밥에 알알이 곰탕 국물이 스며들도록 토렴해 곰탕을 말아 낸다.

1910년 나주목사 내아 장터에서 창업자인 원판례 씨의 뒤를 이어 2대 며느리 임이순 씨, 3대 길한수 명인의 뒤를 이어 2011년부터 4대 길형선 명인이 가업을 계승해 현재 우리나라를 대표하는 곰탕전문점이다.

하얀집의 곰탕은 심플하다. 맑은 국물과 알알이 국물이 쏙 밴 밥, 두툼하고 큼직한 살코기가 듬뿍 들어있고, 그 위에 대파와 달걀 지단, 고춧가루 약간, 참깨 약간을 올려낸다. 먼저 국물을 한 숟가락 떠서 먹으면 진하면서도 담백한 맛에 숟가락질이 멈춰지질 않는다. 두툼하게 썰어 넣은 살코기는 곁들여 내는 초고추장이나 기름장에 찍어 먹고, 밥 한술 떠서 묵은김치를 올려 먹으면 그 맛의 매력에 금방 빠지게 된다.
하얀집에서 내는 묵은지는 1년에 한 번 12월에 담가 해를 넘겨 이듬해 6월 이후부터 사용한다. 이렇게 담근 김치는 저장고에서 숙성하기 때문에 아삭하면서도 깊은 맛에 대한 호평 일색이다. 곰탕에 빠질 수 없는 깍두기는 매월 담그는데 시원하면서도 아삭하고 새콤한 맛이 곰탕과 곁들여 먹기에 안성맞춤이다. 코로나19 이후 포장판매하고 있으며 HMR 제품 생산 및 판매도 준비중이다.

'요즘 한정식'의 좋은 모델!
남녘들밥상.

📍 전라남도 순천시 하풍동길 21 (풍덕동, 오션팰리스) 1층   📞 061-901-3334
🍴 남녘들꼬막정식 2만3천원, 남녘들석쇠돼지불고기정식 1만8천원, 남녘들보리굴비정식 2만4천원

남도 여행에 한정식은 필수 코스지만 거한 상차림과 가격이 부담이 될 때가 있다. 그럴 때는 더 젊은 한정식, 외국인도 부담 없이 즐길 수 있는 한정식을 선보이는 남녘들밥상이 좋은 선택지가 된다. 감자탕 등 오랜 외식업 경력을 바탕으로 한정식을 시작한 지 5년 차에 접어든 이연례 대표는 '2020 제5회 순천미식대첩' 순천한상 부문에서 최우수상, '2023 순천만국제정원박람회' 공식 지정 음식점으로 선정돼 실력을 입증하며 순천의 새로운 인기 맛집으로 급부상하고 있다.

순천만의 특산품인 꼬막을 다채롭게 활용한 꼬막정식은 남녘들밥상의 대표메뉴다. 꼬막으로 조림, 무침, 자숙, 찜 등 다양하게 요리해 낸다. 찜으로 내는 피꼬막, 꼬막은 특히 신선도와 크기별로 엄선해 사용한다. 여러 채소, 해초와 함께 비벼 먹을 수 있는 꼬막무침, 꼬막탕수는 그 비주얼부터 눈길을 사로잡아 젊은 세대의 사랑을 받으며 입소문이 났다.

비트를 넣어 분홍빛이 나는 찰밥과 가오리식해를 감태에 싸서 먹고 보라색 당근과 노란색의 비트 등 뿌리채소로 밥상에 컬러를 더해 예쁘기도 하고 흥미롭기까지 하다. 제철 식재료로 요리해 내는 반찬도 고민의 흔적이 엿보인다. 일반 쌀에 붉은 누룩곰팡이균으로 발효시킨 홍국쌀을 올려 갓 지어 내는 솥밥도 특별하다. 홍국쌀은 콜레스테롤 수치를 낮추고 혈관을 건강하게 만드는 효능이 있다. 간장게장은 살이 튼실하고 비린 맛이 없어 고객들이 꼽는 베스트 친이다.

외지 고객과 외국인이 많이 찾는 남녘들밥상은 음식뿐 아니라 순천 지역 작가들의 작품을 전시하며 지역의 멋과 예술까지 느낄 수 있도록 매장을 꾸민 것도 여느 한정식집과는 또 다른 매력이다.

순천 지역만의 특징이 가득 담긴 계절 식재료를 활용해
정성껏 밥상을 차려내면 반드시 재방문과 입소문으로
이뤄진다는 것이 남녘들밥상의 굳은 신념이다.

식감, 맛, 향 삼박자 갖춘 떡갈비 명가
남도예담.

📍 전라남도 담양군 월산면 담장로 143   📞 061-381-7766
🍴 한우떡갈비정식 3만3천원, 반반떡갈비정식 2만8천원, 한돈떡갈비정식 2만3천원
    골뱅이죽순초무침 2만5천원

담양 죽녹원 인근에 위치한 남도예담은 떡갈비 맛은 물론 멋스러운 식공간, 깔끔하고 건강한 상차림으로 주목받고 있는 곳이다. 무엇보다 음식 좀 먹으러 다닌다고 하는 미식가들조차 전국에서 가장 맛있는 떡갈비로 꼽는 데 주저함이 없다. 대다수 떡갈비전문점들이 기계로 다진 다짐육을 사용하는 것과는 달리 남도예담은 최고의 떡갈비 맛을 고수하기 위해 고기를 일일이 칼로 두드리고 다져 갖은 양념한 후 치대는 등 모든 과정을 수작업으로 진행한다. 떡갈비는 주문 즉시 숯불에 구워 내 숯 향과 육향은 물론 꽉 찬 육즙과 떡갈비를 씹을 때 식감까지 어느 것 하나 놓치지 않고 있다. 한우떡갈비는 암소 한우의 갈빗살, 양지차돌, 우둔 부위를 사용한다.

찬으로 제공하는 음식은 단품요리로 손색없을 만큼 깔끔하다. 슴슴한 간장게장, 신선한 샐러드, 흑임자로 쑨 묵, 죽순무침, 모듬버섯회, 감칠맛나는 육회, 감태초밥 등 식

전국 3대 떡갈비로 손꼽히는 남도예담은 요리연구가 윤숙 대표의 손맛과 2세 경영으로 대를 잇는 정설민 공동 대표의 열정이 더해져 담양만의 색채를 담은 로컬브랜드로 자리잡았다.

재료 자체의 맛을 가장 잘 느낄 수 있도록 했다. 특허출원을 받은 토마토장아찌는 아삭아삭한 식감은 물론 새콤달콤해 떡갈비와 잘 어울리는 찬이다. 밥은 담양을 대표하는 대통밥을 제공하는데 찹쌀, 흑미, 현미, 잣, 대추 등을 넣고 대나무 끓인 물로 밥을 짓는다. 이외에도 지역민들의 주머니 사정을 생각해 개발한 한돈 떡갈비, 전라도식 고추양념으로 무친 골뱅이죽순초무침도 별미다.

남도예담은 맛뿐만 아니라 멋도 놓치지 않았다. 짙은 회색을 베이스로 돌과 담양을 상징하는 대나무로 포인트를 줘 현대적이면서도 전통이 어우러진 공간이 탄생했다. 매장 한쪽 벽면은 거울로 해 공간에 확장성을 부여했으며, 통유리로 사계절의 아름다움을 눈에 담을 수 있도록 했다. 다양한 크기의 룸을 별도로 마련해 각종 모임 장소로 인기다.

담양 떡갈비와 전라도 한상차림의 운명적 만남
담양애꽃.

📍 전라남도 담양군 봉산면 죽항대로 723   📞 061-381-5788
🍴 한우특정식 3만7천원, 한우정식 2만9천원, 반반정식 2만3천원, 한돈특정식 2만3천원
한돈정식 1만8천원

담양애꽃은 담양의 명물 떡갈비와 전라도의 손맛과 정을 느낄 수 있는 한상차림을 결합해 선보이고 있다. '누구에게나 사랑받는 음식의 꽃이 되겠다'는 담양애꽃은 떡갈비 전문인만큼 메뉴는 갈빗살과 양지를 배합한 한우떡갈비와 돼지떡갈비로 단출하다. 여기에 죽순즉석밥과 된장찌개, 생선조림 등 20여 가지 찬으로 구성된 한상차림이 함께 제공되는 점이 담양애꽃의 독특하고 차별화된 메뉴 구성이다.

떡갈비는 오븐에 구워 기름기는 빠지고 육즙이 가득 해 담백하다. 식어도 고기의 잡내가 나지 않고 채소, 과일 등으로 맛을 내 감칠맛이 일품이다. 떡갈비는 뜨거운 무쇠팬에 새송이버섯과 파인애플, 씻은 묵은지가 함께 담겨 나오는데 같이 조합해서 먹으면 맛이 잘 어울릴뿐만 아니라 다양한 맛을 즐길 수 있다. 여기에 들깨탕, 샐러드, 계절전, 스페셜튀김, 단호박범벅, 흑임자무, 해초비빔소면, 궁중떡잡채, 조림, 피클, 가마솥밥, 된장찌개, 갓보리물백김치, 벤댕이고추젓갈무침 등 총 16가지의 찬이 함께 나온다. 상다리가 부러질 만큼 풍족한 한상은 담양애꽃을 찾는 이들에게 대접받는 느낌을 주기에 충분하다. 가마솥밥은 죽순을 넣고 지어 바로 내 죽순의 식감과 밥의 고소함을 느낄 수 있다. 밥을 푸고 난 후에는 직접 볶은 둥글레차 물을 부어 숭늉을 만들어 먹으면 한 끼의 마무리가 충만한 느낌이다.

담양애꽃은 고객을 배려한 다양한 편의시설을 제공한다. 워낙 많은 사람들이 방문하기 때문에 쾌적하게 대기할 수 있는 넓은 공간은 물론 수유실을 만들어 영유아와 임산부가 편안하게 휴식할 수 있다. 한옥으로 지어진 건물 또한 자체로 특별함을 주고 정원과 연못을 만들어 볼거리도 제공한다.

담양애꽃 박영아 대표는 2011년부터 매월 마지막 주 월요일
매출의 절반을 초록우산 어린이 재단에 기부하는 등
사회공헌에도 적극적으로 참여하고 있다.

개성 가득 해물 한 상, 목포의 맛
The락식향950.

📍 전라남도 목포시 하당로68번길 9 📞 061-281-9296
🍴 해물갈비찜 2만5천원, 해육삼합보쌈 2만3천원, 직화불고기+고갈비 1만4천원
낙지볶음 비빔밥 1만5천원

'즐거울 락, 먹을 식'의 The락식향950은 23년 역사의 전통 있는 맛집이다. 살아있는 국내산 꽃게, 낙지, 전복, 새우 등을 푸짐하게 넣은 칼칼한 해물갈비찜, 홍어와 수육, 낙지볶음이 함께 나오는 해육삼합보쌈을 비롯해 고구마순먹갈치조림, 목포우럭미역국 등 다양한 남도 음식은 '삭힘과 절임 그리고 기다림'이라는 철학으로 만들고 있다.

조리에 사용되는 식재료는 영광, 진도, 신안 등을 다니면서 직접 공수해 맛도 좋고 보기 좋은 메뉴 개발을 위해 노력하고 있다. 꽃밥은 붉은빛을 띠는 홍국쌀로 밥을 지어 특별함을 주고, 음식에 사용하는 소금 역시 3년 이상 된 신안 천일염을 사용해 고급스러운 풍미를 더했다. 매장 운영도 바쁘지만 직접 보고 사야 제대로 된 재료를 구매할 수 있기 때문이다.

메인 메뉴 자체로도 충분히 경쟁력 있지만 참송이와 백목이버섯, 새우장과 바지락장, 가지튀김 등 반찬에도 많은 신경을 써 제철 채소와 지역특산물을 이용해 건강과 다양성을 동시에 충족시키고 있다. 코로나19 이전에는 해물탕, 해물찜을 대표 메뉴로 선보였던 The락식향950은 팬데믹 이후 현재의 메뉴로 전환했지만 여전히 해물탕과 해물찜을 찾는 고객들이 많아 별도의 브랜드를 론칭할 계획도 있다고 한다.

최근 매장을 리모델링 해 더욱 쾌적한 분위기에서 고객을 맞고 있는 The락식향950은 최은숙 대표를 비롯해 온 가족이 모두 외식업에 종사하고 있는 것도 눈길을 끈다. 디저트를 공부한 딸은 매장에서 음료 및 디저트를 담당하고 있고, 외식을 전공한 아들은 별도의 매장을 운영하고 있다. 지금까지 그래왔던 것처럼 목포를 상징하는 다양한 해물을 즐길 수 있는 해물 곳간으로 고객들의 마음속에 기억되길 바라는 마음이다.

깔끔하고 모던한 분위기의 The락식향950은 목포 바다를 상징하는 다양한 해물을 즐길 수 있어 많은 사랑을 받고 있다.

대한민국 명품맛집 123선 241

MZ세대도 반한 닭과 오리의 매력
The미주농원120.

📍 전라남도 순천시 상사호길 120 📞 061-744-5292
🍴 순천닭코스요리 1인 2만5천원, 오색빛깔오리훈제편백찜 1마리 8만원

미주농원은 1999년 문을 연 역사와 전통을 자랑하는 순천의 대표 식당이다. 기존에는 포장마차 형태의 전원적인 분위기에서 생오리숯불구이로 지역민들의 입맛을 사로잡으며 성업해왔다. 그러다 2022년 4월, 사업을 시작한 이래 23년 만에 The미주농원120으로 완전히 변신해 제2의 전성기를 맞이하고 있다. 메뉴는 생오리숯불구이에서 순천을 방문한 사람들에게 가장 만족도가 높은 닭구이를 메인으로 하고, 쾌적한 공간으로 MZ세대와 외국인들에게도 만족스러운 식사 경험을 제공하고 있다.

지역을 대표하는 관광형 식당을 목표로 하는 김윤수 대표는 내부 인테리어는 화이트 톤을 바탕으로 모던하고 세련되게 꾸미되, 외부 환경은 기존 미주농원의 분위기를 살려 넓은 정원을 조경하고 직접 수집한 각종 앤티크 오브제로 다채롭게 꾸몄다.

새롭게 도전한 닭 요리 메뉴 개발에도 공을 들여 '2022 순천미식대첩' 닭요리부문 대

상을 받으며 그 노력의 가치를 입증받기도 했다. 대표메뉴는 전국 유일무이한 명품 순천닭 코스요리가 가장 반응이 좋다. 마늘양념닭구이, 귀리닭떡갈비, 불닭퐁듀, 닭날개간장프라이드치킨, 녹두닭죽이 코스로 제공되고, 순천의 지역색을 살린 미나리 소스, 소금 등을 비롯해 다양한 곁들임이 함께 제공된다. 720℃에 7200초 동안 요리하는 보약 같은 누룽지백숙(닭, 오리)을 비롯해 순천 농산물을 다채롭게 활용한 오색빛깔 오리훈제편백찜도 대표메뉴로 빼놓을 수 없다. 음료의 구성도 얼그레이 하이볼, 와인막걸리, 한 잔 와인, 순천 크래프트 맥주를 갖추었고 다이닝 홀 옆에는 카페 '일이공'을 함께 운영하며 이곳을 찾는 고객들에게 다채로운 다이닝 체험을 할 수 있도록 했다.

520℃ 화덕에 구운 닭구이는 표면은 바삭하고 고소하며 속살은 촉촉하고 부드럽다.
계절마다 달라지는 7가지의 기다림 음식도 닭요리 코스를 설레며 기다리게 만드는 즐거운 요소가 된다.

백 년 한옥에서 맛보는 전라도 한정식
명궁관.

📍 전라남도 순천시 중앙2길 7   📞 061-741-2020
🍴 명궁상 8만9천원, 용궁상 5만9천원, 법성포 굴비정식 점심 2만5천원, 저녁 3만원

'2020 순천 미식대첩' 순천한상 부문 대상에 빛나는 명궁관은 '순천 한정식' 이외에도 100년 된 한옥 고택을 오롯이 느낄 수 있는 곳이기에 우리나라는 물론 각국의 대통령부터 유명 인사들이 즐겨 찾는 곳으로도 이름이 났다. 고풍스러운 한옥과 중앙의 마당에 가득한 풀과 꽃, 장독대가 이루는 전통적인 한국의 풍경에 순천만 국제 정원 박람회를 찾는 외지 사람들과 외국인들에게도 호평을 받는다.

1995년 명궁관을 시작한 이후 '전라도의 맛'을 보러 오는 사람들의 기대에 부응하고 싶었다는 정영란 대표는 순천은 물론 전라도 전역의 대표적인 맛들을 고객상에 선보인다. 낙지탕탕이, 낙지호롱, 간재미, 가오리무침, 보리굴비, 떡갈비, 홍어삼합, 한우육사시미 등 전라도의 대표적인 음식은 물론 계절마다 순천 바다에서 나는 생선회, 순천 갯벌에서 잡은 칠게, 꼬막, 돌게 등으로 상차림을 구성한다. 특히 명궁관의 모든 귀한 재료와 요리를 모두 맛볼 수 있는 명궁상에는 남편에게는 안 주고 샛서방에게만 몰래 줄 만큼 맛있어서 샛서방고기라고도 불리는 '군평선이' 등을 추가적으로 올린다. 더 깊은 전라도의 맛을 원한다면 명궁관의 홍어애탕을 추가로 주문해 보라고 정 대표는 권한다.

전통에만 천착하기보다는 시대의 변화에도 발맞추려는 노력도 멈추지 않는다. 가령 떡갈비는 뜨거운 철판 위에 모짜렐라 치즈와 파인애플 등을 더해 '한우눈꽃떡갈비'라는 이름으로 손님상에 내 젊은 사람들이나 외국인도 좋아한다. 한옥 안에 좌식이 아닌 입식 테이블로 교체한 것도 그 노력의 한 부분이다.

정영란 대표는 30년 동안 변함없이 진실되게 대접했더니 30년 단골이 아직도 명궁관을 찾아줄 때 큰 보람을 느낀다.

무안 특산물 낙지 다양하게 즐기기
무안애꽃낙지한정식.

📍 전라남도 무안군 무안읍 영산로 3083   📞 061-453-2288
🍴 일품상(평일 점심 특선) 1만8천원, 잔치상 2만8천원, 수라상 3만9천원, 귀빈상 4만5천원
   궁중상 6만5천원

목포에서도 광주에서도 20분이면 닿을 수 있는 무안애꽃낙지한정식은 가족 외식부터 특별한 날까지 부족함이 없는 한정식 맛집이다. 서해안 고속도로 입구에 있는 데다가 주차장이 매우 넓어 멀리 떨어져 사는 가족들이 모이기에도 좋아 돌잔치, 상견례, 환갑, 칠순 잔치 등 다양한 행사를 이곳에서 치르는 경우도 많다.

무안애꽃의 대표메뉴이자 가장 사랑받는 메뉴는 낙지 코스 한정식인 수라상이다. 무안의 특산물이기도 한 낙지를 직화찜, 탕탕이, 파전, 물회 등으로 다양하게 맛볼 수 있으며, 정성과 노력이 담긴 찬들이 많아 누구나 행복한 시간을 만들 수 있다.

무안애꽃에서 꼭 먹어봐야 하는 메뉴 중 하나는 바로 특허 받은 낙지떡갈비다. 떡갈비와 낙지를 함께 넣은 낙지떡갈비는 낙지의 쫄깃함으로 고기의 느끼함을 잡아 재미있는 식감과 맛이 색다르다. 상차림에서는 낙지뿐만 아니라 연근, 양파, 감태 등 무안의 특산물을 활용해 건강한 맛과 행복한 맛을 동시에 제공하고 있다.

2012년에 오픈해 벌써 10년이 훌쩍 넘었지만 노경현 대표는 한결같이 열정과 노력을 투자하고 있다. 무안애꽃만의 비법 소스를 만들기 위해 오랜 시간과 적지 않은 비용을 투자했고, 그렇게 만든 어탕수 소스로 더 맛있는 찬을 선보이고 있다. 어탕수 소스는 생선뿐만 아니라 다양한 요리에 어울리는 무안애꽃의 시그니처 소스이다.

노 대표는 "음식을 할 때는 정성이 반드시 들어가야 한다. 여러 가지 이유로 조금이라도 소홀하면 아무리 레시피대로 조리해도 고객의 입맛을 사로잡을 수 없다. 앞으로도 지금처럼 보기 좋고 맛은 더 좋은, 맛과 향 그리고 멋이 있는 진정한 한정식을 만들겠다"고 밝혔다.

인근에 맛집이 생겼다고 하면 달려가 어떤 맛인지 살펴볼 정도로
열정이 넘치는 무안애꽃낙지한정식 노경현 대표는 메뉴 하나,
반찬 하나에 조금의 소홀함도 없이 정성을 들이고 있다.

계절마다 찾아가고 싶은 건강한 자연 밥상
문수헌.

📍 전라남도 장흥군 장흥읍 외평길 152   📞 061-863-8484
🍴 장흥 삼합 전골 大 7만8천원·中 6만원, 한우 떡갈비 구이 3만2천원

평화 저수지를 가까이 끼고 있으며 탐진강이 흐르는 물의 도시 장흥의 문수헌은 '물에 묻고 자연이 답한다'는 노자사상에서 그 이름이 유래했다. '개발 안된 것이 최고의 자원'이라는 생각을 가진 김향옥 대표가 운영하는 이곳은 건강한 자연밥상을 모토로 2013년 10월에 문을 열었다.

이곳의 모든 음식 이야기는 '장흥' 그 자체를 담는다. 장흥은 남도에서 가장 큰 다원으로 유명한 고장이다. 삼국시대부터 장흥 지역에서 마셔온 전통발효차인 청태전으로 문수헌에서의 미식 여행이 시작된다. 남해안의 청정해역 갯벌 보호 지역인 장흥군의 득량만에서 나는 키조개는 전국 생산량의 84%를 차지하며 그 맛도 뛰어나다. 사람보다 소가 더 많다는 한우의 고장 장흥은 1등급 한우 생산이 많은 지역이다. 전국 표고 생산의 약 70%가 장흥에서 난다는 것도 중요하다. 그렇게 장흥 삼합이 완성되기 때문이다. 훌륭한 식재료가 김향옥 대표의 손맛을 만나니 그 맛이 더 깊고 정갈해진다. 문수헌에서 쓰는 거의 모든 재료는 제철, 장흥산이다. 그래서 민들레, 별꽃나물, 냉이, 원추리 새순에 바지락이 나는 봄이면 김 대표는 요리를 준비할 생각에 설렌다. 밭에서 바로 따서 무치는 겉절이, 대나무밭에서 수확한 죽순으로 부친 전, 농가와 계약 재배한 찹쌀로 만든 연잎 밥도 고객이 주문하면 바로 요리해 따뜻하게 낸다. 그런 까닭에 음식 준비 시간이 일반 식당보다 더 걸리지만 고객들이 그 정성을 알아줄 때 큰 보람을 느낀다.

맛있다는 칭찬에 "우리 집보다 잘하는 집이 훨씬 많다"며 "배우는 자세와 정직한 마음으로 끝까지 최선을 다하고 싶다"는 김 대표의 겸손에 문수헌으로 갈 핑계를 자꾸만 만들고 싶어진다.

제철 식재료, 장흥의 특산품을 어린 시절 어머니가 해준 집밥의 추억을 담아 정성스럽게 내는 문수헌의 건강한 자연 밥상이다.

우렁강된장과 직접 재배한 채소로 차린 건강 밥상
보자기농가맛집.

📍 전라남도 담양군 대전면 신룡길 73　📞 061-382-5525
🍴 곰보배추우렁쌈밥정식 1만5천원, 곰보배추우렁쌈밥 1만2천원, 곰보배추오리한방백숙 7만원
　곰보배추죽순우렁이회(中) 2만원

건강을 중시하는 이들이 많은 가운데 친환경 농산물 등 믿고 먹을 수 있는 안전한 먹거리에 대한 관심도 높다. 쌈밥전문점 보자기는 직접 재배하고 생산한 식재료로 만든 건강한 밥상으로 전국적인 유명세를 얻고 있다.

향토음식 자원화사업을 통해 농가맛집으로 시작한 보자기는 기침, 기관지염에 좋은 기능성 식물 곰보배추를 기본으로 음식을 만든다. 발효했을 때 효과가 좋은 곰보배추로 된장을 만들어 흔하지 않은 메뉴를 선보이고 있다. 조리 방식도 데치거나 볶는 것이 대부분이라 속이 편하고 더욱 건강하다.

보자기의 대표메뉴는 곰보배추우렁쌈밥이다. 짜지 않고 담백한 우렁강된장과 쫄깃한 돼지고기수육, 그리고 제철 나물 및 보리된장 등이 밑반찬으로 나온다. 정식의 경우 기본 상차림에 우렁이무침, 직접 쑨 손두부, 새싹인삼이 추가된다. 한상차림을 보

보자기는 특별하게 차린 음식이 아닌 직접 재배한 채소와 지역에서 난 식재료로 집밥처럼 편하게 먹을 수 있는 건강한 음식을 추구한다. 수요미식회 맛집으로도 유명하다.

면 다소 투박해 보일 수 있으나 고객의 건강을 생각하는 마음으로 음식을 만든 진심이 느껴진다. 보자기 최미경 대표의 추천에 따라 우렁강된장과 우렁이무침을 넣고 밥을 비벼 쌈에 먹으면 감탄사가 절로 나온다.

보자기는 직접 농사를 짓기 때문에 다양한 제철 쌈채소를 무한대로 즐길 수 있다. 매일 밭에서 수확하는 쌈채소는 계절에 따라 종류가 달라진다. 직접 기른 채소로 부족할 경우 전라남도산으로만 구매, 지역 상생에도 이바지하고 있다. 우렁이도 마찬가지다.

한적한 시골에 위치해 있는 보자기 바로 앞 마을 정자에는 마을 주민들이 직접 수확한 채소를 팔고 있어 식사 후에 신선한 채소를 구입하는 재미도 쏠쏠하다.

칼국수와 돈가스 꿀조합으로 남녀노소 홀릭
신사와칼국수.

📍 전라남도 담양군 대전면 대치5길 131　📞 062-972-8201
🍴 불고기물총칼국수 정찬(2인 기준) 2만4천원, 쌈돈가스 한상(小) 3만2천원, 들기름냉칼국수 1만3천원
　빙수냉칼콩국수 1만4천원, 낙지해물파전 1만5천원, 산토리하이볼 9천원

불고기물총칼국수정찬, 쌈돈까스한상, 들기름냉칼국수, 빙수냉칼콩국수 등 독특한 메뉴가 가득한 신사와 칼국수. 담양에서 넓으실, 병풍산방 등 한정식전문점을 운영하며 손맛을 인정받은 박경순 대표가 새롭게 선보인 곳이다. 그동안 운영해왔던 건물을 헐고 새로 건물을 지어 쾌적한 공간에서 칼국수를 주제로 한 정찬 요리를 선보였다.

신사와 칼국수를 대표하는 물총칼국수는 간단하게 한 끼를 때우는 일반 칼국수와 다르다. 고기, 밥, 채소 등 다양한 찬으로 상차림을 구성해 맛과 영양까지 잡은 제대로 된 식사다. 칼국수는 무, 표고버섯, 매운 고추, 대파 뿌리, 조개 등으로 육수를 내고 오방색 채소, 바지락, 동죽 등을 고명으로 푸짐하게 올려 낸다. 여기에 불고기, 감태초밥, 오징어포, 김치를 더해 영양소를 골고루 챙긴 한 상이 제공된다.

들기름을 듬뿍 넣어 고소한 풍미가 코끝을 때리는 들기름냉칼국수와 살얼음이 가득한 냉칼콩국수도 인기다. 방앗간에서 갓 짜온 들기름을 소주잔 한잔에 버금갈 만큼 넉넉히 넣고 버무려 한 입 먹으면 입안 가득 고소한 향과 내음이 퍼진다. 살포시 올려져 있는 분자 소금과 함께 섞어 먹으면 감칠맛을 배로 느낄 수 있다. 냉칼콩국수는 콩물과 면을 따로 제공하고 삶은 서리태를 시리얼처럼 넣어서 먹을 수 있도록 구성해 건강은 물론 재미까지 제공한다. 라이스페이퍼에 오방색 채소와 돈가스를 함께 싸 먹을 수 있도록 구성한 쌈돈가스 한 상은 어린이는 물론 어른들에게도 인기가 많은 메뉴다. 특히 감태를 얹은 초밥을 독특한 모양의 목기에 올려 내 눈길을 제대로 사로잡는 비주얼을 연출했다. 식후에는 마당에 별도로 마련된 휴게공간에서 무료커피를 즐기며 담소를 나누기에도 좋다.

흔한 칼국수지만 신사와칼국수는 익숙한 메뉴를 특별하게 구성해 선보였다. 칼국수와 돈가스라는 꿀조합을 바탕으로 손맛을 가미한 다양한 요리를 접할 수 있다.

산골음식 흑염소 떡갈비와 닭구이의 변신
안녕,홍매화.

📍 전라남도 순천시 해룡면 매안로 135　📞 061-722-9076
🍴 흑염소떡갈비 3만원, 토종닭마늘구이 한마리 6만원, 흑염소떡갈비정식(평일 점심특선) 1만5천원
　닭구이정식 1만3천원, 버섯전골정식 1만2천원

순천의 신도시 신대지구에 위치한 안녕,홍매화는 흑염소로 만든 떡갈비와 닭구이가 유명하다. 깔끔한 상차림과 산뜻한 분위기가 눈길을 끄는 이곳은 2002년부터 선암사 인근에서 산골음식을 선보여왔던 김미옥 대표의 손맛과 가업을 잇기 위해 외식업에 동참한 아들이 젊은 감각으로 재해석한 흑염소떡갈비와 토종닭구이가 대표메뉴다.
선암사의 상징인 수령 600년 된 매화나무를 모티브로 한 안녕,홍매화는 2세 경영을 위한 전초기지인 만큼 메인메뉴 제공방식과 찬까지 새롭다. 메뉴를 주문하면 껍질을 벗겨 통째로 내는 토마토 샐러드와 백김치, 파김치, 연근샐러드, 고구마튀김 등이 제공되고 이어 참숯불에 석쇠를 올려 초벌한 흑염소 떡갈비, 닭구이를 구워 먹도록 해 차별화를 꾀했다. 점심특선으로 선보이는 버섯전골정식은 부드러운 소고기와 신선한 느타리, 새송이, 팽이버섯 등이 풍부하게 들어가 고객만족도가 높다.
안녕,홍매화는 가장 메인이 되는 식재료인 흑염소 농장을 직접 운영하고 있다. 흑염소

는 성인병과 빈혈을 예방하며 뼈 건강, 피부에 탁월하고 원기 회복에도 좋아 여성, 노인들에게 특히 좋다. 2002년부터 농장에서 직접 키운 흑염소는 뛰어난 식감을 가졌으며 기름기가 적어 담백하고 고소한 맛이 일품이다. 흑염소 외에 토종닭, 꼬막도 100% 국내산을 고집해 이곳을 찾은 고객들에게 더 믿을만하고 더 신선한 보양식을 대접하고자 노력한다.

산골음식을 시내로 옮기며 메뉴뿐만 아니라 인테리어에 젊은 감각을 더한 안녕,홍매화는 순천은 물론 광양제철, 여천 등지에서 오는 젊은 고객이 점차 늘고 있다. 김 대표는 "흑염소를 떡갈비 스타일로 선보여 남녀노소 거부감 없이 좋아하는 메뉴로 자리매김해 자부심을 느낀다"고 말했다.

선암사 인근에서 산골 음식을 선보이던 김미옥 대표가 2세 경영을 통해 더 트렌디하고 젊은 감각으로 선보인 안녕, 홍매화.

매일 먹고 싶은 건강한 밥상 '쌈밥정식'
열무밭애.

📍 전라남도 순천시 해룡면 향매1길 15-14   📞 061-724-2785
❌ 속초코다리쌈밥한상 2만원, 불고기쌈밥한상 1만7천원, 황금보리굴비한상 2만3천원

10년 동안 친환경을 지향하는 쌈밥정식전문점으로 지역 사람들에게 사랑받은 열무밭애. 일견 평범한 쌈밥집으로 보이지만 일단 상을 받아 보면 한정식 코스 요리가 부럽지 않다는 생각을 하게 된다.

1년 365일 열무쌈밥을 즐길 수 있는 이곳은 정성을 다한 엄마의 마음으로 상을 차리는 김은자 대표의 손맛이 가득하다. 매년 6월이 제철인 순천 향매실을 구입해 진액으로 만들어 각종 요리에 활용하는데, 향매실청을 넣어 만든 제육불고기는 매콤달콤하며 동시에 불맛이 느껴져 한 번 먹으면 계속 생각이 나는 중독성이 있다.

영광에서 해풍에 말린 질 좋은 굴비는 김 대표만의 비밀 레시피를 더해 맛과 식감을 잡고, 먹기 좋게 뼈를 발라내는데 차가운 녹찻물에 밥을 말아 보리굴비를 올려 먹으면 맛있게 즐길 수 있다. 거기에 다양한 버섯과 채소를 넣은 강된장, 주문 후 바로 구워내는 김, 4종의 전라도 김치, 순천 꼬막장, 양념게장에 압력밥솥에 지은 윤기가 흐르는 밥, 지역에서 공수하는 열무와 채소, 특산물을 곁들이면 값비싼 한정식이 부럽지 않다. 쌈밥전문점인 만큼 각종 쌈은 셀프코너에서 추가로 가져다 먹을 수 있다.

엄마의 마음으로 요리를 하고 고객을 대하니 1주일에 휴일 빼고 6번 방문하는 손님도 많다. '이집 밥은 속이 편하다', '우리 아이는 밥을 잘 안 먹는데 이 집 밥은 잘 먹는다'는 말을 들을 때 가장 뿌듯하다는 김은자 대표.

올 겨울에는 매장 리노텔링과 새로운 메뉴를 출시해 단골은 물론 순천을 여행할 외지 사람들에게도 더 나은 모습의 열무밭애를 선보일 계획이다.

열무밭애는 순천의 농수산물과 함께 전라도 전역의 훌륭한 식자재를 한 상에서 즐길 수 있도록 다채로운 메뉴를 구성한다.

지리산이 가장 훌륭한 식재료 창고
예원.

◎ 전라남도 구례군 마산면 화엄사로 381　📞 061-782-9917
🍴 더덕정식 2만원, 지리산산채정식 1만5천원, 모둠버섯전골 特 7만원·大 6만원·中 5만원
　산채비빔밥 1만원

구례는 산이 좋고 강수량이 적절해 제철 식재료들의 맛과 향이 뛰어나기로 유명하다. 예원의 한기남 대표는 지리산에서 나는 식재료는 모든 계절이 다 풍성하지만 특히 봄에는 지리산 산나물, 가을에는 자연산 버섯이 좋은 재료가 된다고 말한다.

재료 본연의 맛을 극대화하는 것도 중요하지만, 매년 2~3월이면 지리산 고로쇠 수액을 넣어 담그는 장과 음식 각각의 성격에 맞는 효소를 넣는 것도 중요한 비결 중 하나다. 성질이 차서 여름에 먹기 좋은 더덕은 지리산에서 난 것이 특히 아삭하다. 계절에 따라 7~8가지 버섯을 넣은 버섯전골은 지리산 고로쇠 물로 담근 옻장으로 간을 맞춰 버섯 본연의 맛과 향을 살렸다. 8가지 나물을 넣은 산채비빔밥은 지리산 그 자체를 한 그릇에 담은 조화로운 음식이다.

1989년 문을 연 예원은 슬로푸드를 지향하는 3대가 함께 운영하는 한정식전문점으로 지리산 자락에서 나는 구례산 식재료와 직접 담근 장과 효소로 음식을 만든다.

건조 나물보다 손이 더 가는 염장 나물을 고집하며 산에서 얻는 산초, 두릅 등으로 만드는 다채로운 장아찌, 된장을 끓여 담그는 깻잎 장아찌도 예원의 깊고 풍부한 맛을 잘 보여주는 반찬들이다.

각종 김치 경연 대회에서 수상한 한 대표는 '지리산 산골 김치'로 예원의 다채로운 김치를 상품화할 예정이라고 전한다. 예원 곳곳에 붙은 김치 대회 수상 경력과 김치로 만들어 내는 다양한 요리들을 보며 그 노력의 성과가 머지않아 값진 결과를 이뤄낼 것이라는 확신을 갖게 된다.

가성비 좋고 분위기 좋은 보리굴비 맛집
예향한정식.

📍 전라남도 목포시 평화로 40   📞 061-262-9595
🍴 보리굴비정식 점심 2만원, 저녁 3만원, 예향회정식한상코스 16만원

목포 음식 명인의 집 예향한정식은 알뜰한 가격의 보리굴비 맛집으로 인기가 높다. 2010년 오픈해 '전라남도 명가' 지정업소로 자리매김한 후 최근에는 보리굴비 맛집으로 인정받고 있다.

예향한정식이 여느 보리굴비전문점과 차별화되는 점은 회와 초밥 등 해산물을 접목해 차별화된 상차림 때문이다. 보리굴비를 주문하면 쫄깃한 회와 초밥, 초무침, 간장게장, 낙지호롱구이를 비롯한 제철 해산물과 샐러드, 수라상에 올라갔다는 타락죽 등이 한 상 나온다. 제철회는 쑥갓이나 부추에 함께 먹도록 하는 것은 예향한정식만의 '먹팁'이다.

인기가 높은 보리굴비는 카페인이 든 녹찻물 대신 진도 울금가루를 탄 울금물로 대신하고, 밥도 울금가루를 넣고 지어 속 편하고, 맛있고 건강까지 챙길 수 있어 좋다는 반응을 얻고 있다. 개인 접시에 덜어 먹는 요리를 제외한 장아찌와 나물 등 찬은 '1인 1찬' 개별 제공하는 것도 예향한정식의 특별한 서비스다. 다른 사람과 찬을 공유하지 않도록 해 고객 만족도가 높다. 정식 외에 목포 생물먹갈치조림, 병어조림, 낙지탕탕이, 연포탕 등 목포를 대표하는 메뉴도 다양하다.

이곳 오선영 대표는 메뉴에 대한 정직과 서비스에 대한 신뢰를 운영철학으로 꼽는다. 오늘 만든 음식만 대접하고 고객의 의견을 존중하다 보니 고객의 마음을 더 헤아릴 수 있고, 만족도도 훨씬 높아진다는 것을 경험으로 깨달았다고. 그는 "언젠가는 한 건물에 각각 한식, 일식, 양식을 제공하는 타운을 만들고 싶다. 다양한 식재료를 활용해 전통과 퓨전을 접목한 메뉴개발로 단골 고객과 신규 고객이 모두 찾을 수 있는 목포의 명소를 만들고 싶다"는 바람이다.

12개의 널찍한 룸으로 된 예향한정식은 눈으로 보고
맛으로 이야기하는 기분 좋은 외식공간으로
가격 이상의 퀄리티 높은 상차림을 제공한다.

고산 윤선도 11대손과 함께 3대가 운영하는 맛집
전통식당。

📍 전라남도 담양군 고서면 고읍현길 38-4   📞 061-382-3111
🍴 소쇄원한상 2만9천원, 담양한상 1만8천원, 홍어삼합(小) 8천원, 홍어찜 1만5천원, 육전(小) 8천원

40년간 전통 방식을 고집하며 3대가 의기투합해 남도의 맛과 멋을 알리고 있는 전통식당은 담양을 대표하는 한정식의 명가이다. 전통식당은 조선시대 문신이자 시인 고산 윤선도 후손의 11대손인 윤해경 대표와 그의 딸 김난이 대표, 그리고 손자까지 3대가 운영하고 있다. 특히 남도요리 명인으로도 유명한 윤 대표는 현재까지 주요 식재료 및 장류 등을 관장하며 전통식당의 맛을 변함없이 유지하는 데 힘쓰고 있다. 직접 메주를 띄워 담근 간장, 고추장, 된장만 사용할 뿐만 아니라 6년 이상의 묵은지를 위해 직접 재배한 배추로 김장하는 등 정성을 쏟는다.

전통식당의 담양한상은 계절나물, 숙주불고기, 참게장, 수육, 죽순회, 가자미구이를 포함해 비법으로 발효시킨 젓갈, 장아찌, 묵은지 등이 맛깔스럽게 차려진다. 대표 메뉴인 소쇄원한상은 담양한상에 보리굴비, 육전, 홍어찜 또는 떡갈비 등이 추가된다.

찬으로 나오는 고구마순 조림은 전라도 지역에서 많이 먹는 별미인데 이 지역 사람들은 여름철 밥도둑이라고도 부른다. 푸짐하게 잘 차려진 음식을 한 상 통째로 들고 오는 정통 방식을 고수하는 것도 인상적이다. 역대 대통령들이 방문할 정도로 그 명성이 자자하다.

전통식당은 주택을 개조해 식당으로 사용하고 있어 아늑하면서도 편안한 분위기를 자아낸다. 일부 고객들은 '외가에 온 느낌'이라고 평가할 정도로 마당의 정원과 돌담, 소박한 시골의 정취도 느낄 수 있다. 광주와 가까워 광주 근교 맛집으로도 통한다.

전통방식으로 간장, 고추장, 된장을 담가 사용하고, 6년 이상 묵은지의
특별한 맛을 내기 위해 정성을 다하는 전통식당은 3대가 운영하며 100년이 지나도
이 자리를 지키기 위해 최선을 다하고 있다.

약선과 발효의 지혜를 담은 건강 한정식
참조은시골집.

📍 전라남도 순천시 해룡면 해룡로 579   📞 061-724-6799
🍴 제철의 진미밥상 2만8천원, 발효의 와온밥상 3만4천원, 참조은 산해밥상 4만4천원
　　약선의 성찬밥상 5만2천원

참조은시골집은 '오늘 먹은 한 끼가 내 몸을 만든다'는 슬로건으로 신선제철요리와 건강약선요리를 선보이는 곳이다. 이곳 조향순 대표는 2005년부터 지금까지 늘 배우는 마음으로 약선 요리와 한식 발효 기법을 연구하고 요리하고 있다.

어릴 적 산과 들로 나가 각종 산야초와 나물을 자연스럽게 접하며 자랐던 조 대표는 가족의 건강을 위해 만든 발효액이 주변 사람들에게도 알려지면서 약선과 발효에 깊은 관심을 갖게 됐다. 이후 약과 음식은 그 기원이 같다는 '약식동원'을 바탕으로 먹는 것만으로도 건강을 지킬 수 있다는 믿음과 발효액의 효능을 몸소 깨달으며 한정식 메뉴에 접목하고 본격적으로 약선과 발효 연구를 시작했다. 약초 공부를 위해 7년간 심마니 생활을 하며 철마다 산야초를 캐러 다니기도 했다.

참조은시골집은 매년 장과 효소를 직접 담근다. 상에 내는 소스 하나하나 김치와 음식은 모두 직접 담근 장과 발효액으로 완성된다. 그래서 단골들은 같은 전라도 한정식이라도 이 집의 음식은 특별함이 있다고 말한다. 지역의 다른 한정식집에서는 쉽게 볼 수 없는 노루궁뎅이 버섯과 장뇌삼을 공수해 올리는 것도 같은 이유다.

참조은시골집은 흑임자무채, 야채샐러드, 올방개묵, 꼬막회무침, 먹물잡채, 닭안심튀김을 기본으로 각 코스에 따라 간장게장, 양념게장, 생선구이, 보쌈과 홍어, 떡갈비, 낙지볶음, 어복쟁반 등 요리가 더해지고 즉석가마솥밥에 된장찌개가 제공된다.

히니부디 얼까지 직접 손질하고 요리해야 하기에 가족이 대를 이어 보약처럼 건강한 음식을 내고 있는 참조은시골집. 약선과 발효를 활용한 순천의 자연을 맛보기에 이보다 더 좋은 곳이 또 있을까.

면역력을 높이는
음식과 요리법을
연구해 건강한
한정식을 내는 것.
그것이 조향순
대표의 초심을
잃지 않으려는
노력이다.

함평을 담은 눈꽃비빔밥과 한우
함평해월축산.

📍 전라남도 함평군 해보면 해삼로 367   📞 061-323-3707
🍴 눈꽃구절판비빔밥 1만3천원, 눈꽃구절판특비빔밥 1만5천원, 된장물회(中) 3만8천원

함평의 해보면과 월야면의 앞 글자를 따서 네이밍한 함평해월축산은 생고기로 유명한 함평에서도 알아주는 생고기 맛집이다. 정육식당 스타일로 저렴한 가격에 신선한 고기를 먹을 수도 있다. 대표메뉴는 한우구이를 비롯해 육회가 올라간 눈꽃구절판비빔밥, 한우된장물회, 한우육회의 인기가 높다. 한우된장물회는 강진 남도음식대회에서, 눈꽃구절판비빔밥은 여수 남도음식대회에서 수상한 메뉴다.

눈꽃구절판비빔밥은 의미도 구성도 특별하다. 비빔밥에 들어가는 재료가 채소, 나물이 함평에 있는 9개 읍·면에서 생산한 것을 사용하고 구절판처럼 돌려 담아 구절판비빔밥이라고 명명했다. 놋으로 된 접시에는 해초, 버섯 호박, 배추, 콩나물, 도라지, 나물, 돼지기름과 가운데 육회 위에 곡물가루가 마치 하얀 눈꽃처럼 뿌려져 나오는데 밥과 함께 잘 비벼 먹으면 모든 영양소를 다 섭취할 수 있다. 생고기를 먹지 못한다면 익

힘 고기로 주문하면 된다. 비빔밥에 사용하는 비법 소스는 특허를 냈다.

한우된장물회는 된장 베이스에 육전, 해초국수, 한우육회 등 총 23가지 재료가 들어가 영양은 물론 다양한 맛과 식감을 즐길 수 있다. 아삭아삭한 채소와 기름에 지져 고소한 육전, 육회까지 올려내 눈과 입을 모두 만족시킨다.

함평해월축산은 가족경영을 통해 늘 믿을 수 있는 퀄리티를 제공하는 것도 장점이다. 이다윤 대표와 아들이 매장에서 진심을 다해 음식을 만들어 서비스하고, 이 대표의 오빠와 조카들은 한우를 키우며 정성을 다하고 있다. 이 대표는 "눈꽃구절판비빔밥이 함평비빔밥으로 업그레이드돼 전주비빔밥 못지않은 명성을 얻을 수 있도록 노력해 함평을 세계에 널리 알리고 싶다"고 말한다. 함평해월축산은 2022년 12월 광주에 '함평을 다 담았다'는 뜻의 '해월다함'을 오픈해 한우된장물회와 눈꽃구절판비빔밥을 선보여 가성비와 시선강탈 비주얼로 인기를 얻고 있다.

함평의 고기부터 채소까지 좋은 식재료만 사용해 엄마의 손맛을 느끼게 해 주고 싶다는 해월축산의 진심이 고객에게 닿아 지금까지 꾸준히 사랑받고 있다.

순천의 이야기가 담긴 자매 한정식
향토정.

📍 전라남도 순천시 남신월4길 13-26 📞 061-726-6692
🍴 순천길 명인정식 8만9천원, 순천길 절기정식 5만9천원, 순천길 계절정식 3만9천원
  순천길 남도정식 2만9천원

향토정은 순천 토박이 박인숙, 박혜숙 자매가 어머니의 손맛을 이어받아 2대째 순천의 제철 식재료를 활용해 남도 사계절의 맛, 향기, 멋까지 담긴 밥상을 선사한다. 이 지역만의 지리적 특징을 품은 향토 음식, 계절 음식, 어머니의 사랑이 담긴 추억을 간직한 건강한 한정식을 내기 위해 자매 사장님은 끊임없이 노력한다. 그 기본 중에 기본은 '순천에서 나는 좋은 식재료'다. 거기에 기다림의 미학인 발효와 숙성을 변주하며 정갈하고 화려한 순천 한정식을 스토리와 함께 그려낸다.

절기정식 상에 오르는 음식을 맛보면 순천의 계절과 향토정 솜씨의 정수를 고루 느껴볼 수 있다. 이 집에만 있는 서숙밥이라고도 불리는 찰기장밥, 감태, 미나리와 부추를 넣은 꼬막무침을 함께 먹는 꼬막삼합은 입안에서 바다향과 감칠맛이 폭발한다. 낙지호롱은 누운 소도 일으킨다는 스테미너 낙지를 나무나 볏짚 대신 대파에 말아 요리한다. 낙지에 밴 대파의 풍미를 느끼며 버리는 것 없이 모두 먹을 수 있게 만들었기에 맛과 환경까지 모두 고려한 것. 생선회도 그냥 내는 법이 없다. 색과 신선도를 유지하기 위해 숙성한 횟감은 상에 내기 전 참기름 들기름으로 살짝 버무려 칠게쌈장, 묵은지, 순천의 제철 채소와 함께 낸다. 매일 아침 들여오는 순천 한우 육사시미와 순천 홍매실로 맛을 낸 떡갈비도 지역은 물론 외지 사람들이 칭찬하는 음식이다. 무엇보다 3년 숙성 김치와 순천 홍갓, 고들빼기로 이뤄진 김치 3종 세트와 이 집의 사랑 중에 자랑인 칠게장은 특허 출원은 물론이고 '순천만 달빛 칠게' 상표 등록까지 마쳐 '향토정의 맛'의 기본을 이룬다. 박 대표는 "몇십 년 전에 방문했던 고객이 다시 찾아줄 때나 건강이 안 좋은데 우리집 요리가 생각나 에너지를 받고 싶어 순천에 왔다는 고객들은 늘 저희에게 큰 감동을 준다"고 말한다.

식재료, 요리법 등 순천은 '맛의 방주'다.
개인적이든 지역적으로든 향토정의 상에 오르는
모든 음식은 하나하나 스토리가 있다.

코스로 즐기는 단계별 홍어요리
홍어1번지.

📍 전라남도 나주시 영산3길 2-1 영실미곡상회 📞 061-332-7444
🍴 정식 메뉴(2인 기준) 칠레산 6만원, 국내산 7만원, 흑산도산 10만원, 홍어삼합 국내산(小) 5만원
홍어회 국내산(小) 5만5천원

나주 영산포 홍어거리에서도 손꼽히는 홍어1번지는 2003년부터 운영되고 있으며, 홍어 매장 최초로 홍어코스요리를 만들어 특별한 맛을 즐길 수 있다. 대부분은 홍어삼합, 홍어애탕 정도로 홍어를 즐기지만 홍어1번지에서는 회를 기본으로 홍어무침, 싱싱채, 삼합, 홍어전, 홍어튀김, 홍어찜, 보리애국 등으로 구성된 정식 메뉴가 있어 각각 다른 맛의 홍어를 먹어볼 수 있다.

홍어를 좋아하는 마니아라면 홍어코와 홍어생식기를 접하는 즐거움이 있고, 홍어회와 수육에 잘 숙성된 홍어김치를 곁들인 홍어삼합과 의외로 코를 톡쏘는 강한 맛이 매력적인 홍어전과 튀김 등 각각의 매력에 빠져든다. 또 칠레, 국내, 흑산도 등 원산지별로 가격대가 달라 주머니 사정에 따라 선택할 수 있는 것도 장점이다.

홍어거리에 수많은 홍어 매장이 있지만 홍어1번지의 인기는 독보적이다. 20년 차 매장다운 삭힘 비결을 가지고 있기 때문이다. 홍어는 삭히면서 온도를 세 번 바꾸기 때문에 홍어 특유의 찰짐과 부드러움이 뛰어나 방송에도 수차례 나왔다. 뿐만아니라 3년 묵힌 홍어김치, 홍어탕수육, 홍어뼈를 푹 고은 육수로 만든 보리애국 등 홍어로 만들 수 있는 모든 메뉴가 있다고 해도 과언이 아니다. 발효된 음식이기 때문에 소화도 잘 돼 보양식으로도 좋다.

안승권 대표는 고객이 만족할 수 있는 음식과 서비스 제공을 가장 큰 목표로 하고 있다. 이를 위해 매장은 물론 화장실까지 청결을 유지하고, 1인 고객을 위한 메뉴도 제공하고 있다. 또한 항상 정직과 청결 그리고 친절을 중요시하면서 고객이 다시 오게 하는 매장을 만들기 위해 노력을 아끼지 않고 있다.

홍어1번지는
홍어회를 처음
먹어보는
사람에게는
새로운 경험을,
홍어회를 즐기는
사람에게는
특별한 미식을
선물한다.

연혁.

1993년에 태동하여 모임 명칭은 '음식이고 인생이고 오래 씹어야 진정한 의미의 멋과 맛을 안다'는 뜻으로 많을 多 씹을 啖을 써 '多啖會'입니다.

다담회는 외식 연관 산업에 종사하며 회원 상호간 사랑과 정을 주고받는 친목 위주의 모임이지만 각종 세미나, 국내외 투어 및 벤치마킹, 각종 레시피 연구와 정보 공유 등으로 외식산업의 발전에 중추적인 역할을 하고 있습니다. 다담회 가족은 지난 30년간 엄정한 심사 후 선정된 자타가 공인하는 전국 맛집 모임입니다.

1993. 10. 01	다담회 결성 준비위원회 발족.
1994. 08. 06	'한국 맛있는 집 999점' 출판기념회 및 음식페스티벌
1996. 09. 12	'한국 맛있는 집 1010점' 발행
1997. 05. 02	마포 소재 사무실 개소
1999. 03	다담회 소식지 '맛있게 즐겁게' 창간호 발행
1999. 07. 20	'한국 맛있는 집 1234점' 출판기념회
2001. 03.	일본어판 '서울·경기 맛있는 집' 발간
2003. 06. 04	다담회 10주년 기념 음식축제(청암민속박물관)
2005. 02. 01	다담회 소식지 '맛있게 즐겁게' 리뉴얼. 연 2회 발행
2006. 10. 11	다담회 음식축제 한마당
2007. 05. 29	다담회 서소문동 사무소 개소
2013. 11.	다담회 20주년 기념 '힐링+밥상' 출판기념식 및 음식축제(aT센터)
2016. 10.	'맛있게 즐겁게' 2세와의 동행 특별판 발간
2018. 12.	다담회 25주년 기념 '맛있게 즐겁게' 특집호 발간
2023. 10. 12	다담회 30주년 기념식 및 '다담 30년의 맛집을 가다' 출판기념회(청암민속박물관)

역대 회장.

다담회의 오늘이 있기까지 초대 도예가 이준희 회장, 2대 소설 '장군의 아들'의 저자이자 조선일보 '별미기행' 칼럼 작가 백파 홍성유 선생님, 3대 한정식 대문의 정명용 회장, 4대와 9대 청암민속박물관&피자성 효인방의 정복모 회장, 5~8대 청미횟집의 김세환 회장, 10대 맛동산 오동원 회장, 11~12대 김밥일번지 구윤희 회장, 13대 큰나무집 궁중약백숙 조갑연 회장이 수장이 되어 이끌어 왔습니다.

제1대
이준희 회장

제2대
홍성유 회장

제3대
정명용 회장

제4대, 9대
정복모 회장

제5대~8대
김세환 회장

제10대
오동원 회장

제11대, 12대
구윤희 회장

제13대
조갑연 회장

현판의 변천사.

대한민국 명품맛집 123선 273

찾아보기. (가나다순)

ㄱ

가람생복	154
가야마루	156
가현생고기	080
갈비둥지	110
강나루숯불장어	082
강민주의들밥	060
경포장장어구이	158
고향차밭골	112
국보반상	160
국보삼계탕	162
국일생갈비	114
굴마을낙지촌	014
금강바베큐	016
금성	196
김태희옛날손국수	116
김해한우(김해축산)	164
깡돌찜닭	166

ㄴ

나눌터	230
나무꾼이야기	084
나주곰탕하얀집	232
남녘들밥상	234
남도예담	236
남도한식정든님	018
넓은뜰밥상	062
녹야원	118

ㄷ

The락식향950	240
The미주농원120	242
담양애꽃	238
대가삼계탕	168
대동할매국수	170
대문한정식	020

더늘봄	064
더리스	100
더한우사랑	220
덕천복집	198
도감어가	172
도리원	174
돈모닝	120
동강맑은송어	066
동신명가	022
동원장수촌	200
뜰이있는집	104

ㄹ ㅁ

라오미자연밥상	140
마파람	202
만년한정담	102
맛소문오리불고기	204
메이드빈카페	086
명궁관	244
무안애꽃한정식	246
문수헌	248
미가할매집	024
미림산장	026

ㅂ

바다품은식당마켓	176
바르미샤브샤브N칼국수	028
바른식 시골보쌈&감자옹심이	030
발산삼계탕	032
백프로갈비	178
보자기농가맛집	250
복어세상	142
복어잡는 사람들	144
봉평미가연	094
부산약콩밀면	206

ㅅ

산채향	034
삼천포정서방	180
서동한우	106
선미오리불고기	208
수담한정식	036
수백당	182
신가네암소설렁탕	068
신가네칼국수	038
신사와칼국수	252
신안촌	040
신촌고기창고	042

ㅇ

안녕,홍매화	254
예원	258
엘림들깨수제비칼국수	044
여물통	146
여자수산	070
연화정	122
열무밭에	256
예향한정식	260
옛날에금잔디	222
오동추야	072
오마이양대창	046
온고당	224
용지봉	124
월이메밀닭강정	096
육통령	048
일오장어탕칼국수	126
일월정흑마늘독계탕	128

ㅈ ㅊ

자연솜씨	050
전통식당	262
정강희두부마을	130
정동진해물탕	210
정을담다	212
제비뽑기	052
종정헌	184
참조은시골집	264
청미횟집	074
청와정	214
청해진의꿈	226
초원복집	054

ㅋ ㅌ ㅍ

큰나무집궁중약백숙	132
태돈	088
태백산	090
팔팔순두부	148
포미가	056
푸른회식당	134
피자성효인방	076

ㅎ

하면옥	186
하수진보배밥상	188
한방장어구이	216
한식다이닝 류	136
함평해월축산	266
해금강	138
해밥달밥	150
해육반	228
향옥정	190
향토정	268
홍어1번지	270
황금시대	192
훈장골	078
흔들바위	098

대한민국 명품맛집 123선
다담 30년의 맛집을 가다.

초판 1쇄 인쇄 2023년 10월 4일
초판 1쇄 발행 2023년 10월 12일

저 자 | 다담회
펴낸이 | 박형희
펴낸곳 | 한국외식정보(주)
기 획 | 육주희
취 재 | 월간식당
사 진 | 이경섭·안재훈·이종수·김아람
디자인 | 박희남

주 소 | 서울특별시 송파구 중대로 174, 현대파크빌 1층
전 화 | 02-443-4363
팩 스 | 02-448-4820
홈페이지 | www.foodbank.co.kr

ISBN 978-89-87913-02-9
가격 20,000원